元 京成バラ園ヘッドガーデナー
鈴木満男 監修

決定版

美しく  咲かせる

バラ栽培の教科書

TEXTBOOK OF ROSES

西東社

はじめに

新緑のころ、あふれるように咲くバラは気分を華やかにしてくれます。それが、自分で育て咲かせたバラであれば、いっそう美しく、いとおしく見えるでしょう。

しかし、バラは苗を植えただけでは、美しい花を咲かせてくれません。健康な株に育ててこそ、見事な花をつけてくれるのです。そのために必要なのは、そのときどきの成長に適した手入れです。むずかしいことではありません。バラが持っている自然の力を最大限に引き出すために、少しの手助けをすればよいのです。

バラの成長を、人間の成長のプロセスに当てはめてみるとわかりやすいと思います。春の新苗は赤ちゃんだと思ってみましょう。手荒な扱いはせず、大きくなった株よりも大事に管理することが必要です。夏がすぎるころには少しやんちゃな幼児さんになっているでしょうか。2年目の学童期、3年目の思春期を経て、充実した大人の株へとなっていくのです。

大人になるまではピンチで枝葉を増やし丈夫に育つ手助けをしますし、病気のときは処置をしたあと食事（土や肥料）の内容を変えて安静にします。こんなことも人間と同じだと思いませんか。

バラを育てるのに急ぎ慌てる必要はありません。上手に育てれば、10年でも20年でもつき合うことができるのです。肥料をたくさん与えれば枝は伸びるでしょうが、早く大人の株になるわけではありません。まして、それが丈夫で健康な株になるかというと、そんなことはありません。1年は1年分の成長があるだけですし、バラ栽培はそれでよいのです。

大事にするあまり、バラが自分で成長しようとする力を発揮できなくなる過保護な状態が一番よくありません。手をかけすぎず、適度に肩の力を抜いて向き合ってみましょう。

バラが丈夫に育つということは、病害虫にも強くなるということ。薬剤の量は最小限に抑えられますし、病気に強い品種なら無農薬で栽培することも不可能ではありません。

本書は、丈夫な株に美しいバラを咲かせるコツをまとめたバラ栽培の教科書です。新苗や大苗のバラが実際に成長していく過程を追いかけながら、なぜこの作業が必要か、どうしてこの手順で行うのかといった解説をしています。バラ栽培に携わって40年以上が経ちました。私の経験を、惜しみなく出したつもりです。本書を読み、作業の目的や株が健康に育つプロセスを理解していただければ、想定外のトラブルにも応用できるでしょう。

見事なバラは憧れで終わるものではありません。バラの声を聞き、適切な管理をすれば、バラはそれに応えてくれます。

バラがあふれる素敵な空間は誰にでもつくることができるのです。

鈴木満男

上手に育てる!

バラ栽培カレンダー

ROSE CALENDAR

	6月	7月	8月	9月	10月	11月	12月
				植えつけ（鉢から庭へ）		大苗の植えつけ	
	整枝（モッコウバラ、ナニワイバラ）		夏剪定				誘引
	ベーサルシュート・つぼみのピンチ			ベーサルシュートのピンチ			
					花がら切り		
			台風対策				大苗の防寒
		水やり（梅雨明けから）					寒肥
				さし木	さし木（ノイバラ）		
			つぎ木（芽つぎ）				
		取り木		鉢上げ（取り木苗）			

	6月	7月	8月	9月	10月	11月	12月
				植えつけ（鉢から庭へ）		大苗の鉢上げ	
		鉢替え（新苗）					
	整枝（モッコウバラ、ナニワイバラ）		夏剪定				誘引
	ベーサルシュート・つぼみのピンチ			ベーサルシュートのピンチ			
					花がら切り		
	雨の当たらない場所へ（梅雨）						
			暑さ対策	台風対策			
			（蒸し暑い地域は休み）	施肥（月1回）			

バラの庭植えと鉢植え、それぞれの１年間の管理・作業をまとめました。

バラ栽培は育てている環境や、その年の気候・気温によって最適な作業時期が微妙に変わってくることがあります。目安として参考にしてください。

庭植えの栽培

主な作業		1月	2月	3月	4月	5月
植えつけ	植えつけ	大苗の植えつけ			新苗の植えつけ 適期はソメイヨシノ開花後	
	移植	移植				
手入れ	剪定・誘引・整枝	冬剪定・誘引（つるバラは誘引する）				
	ピンチ・芽かき			わき芽かき	開花調整	
	花がら切り					花がら切り
管理	防寒・風対策	大苗の防寒				
	追肥・水やり	寒肥				
	病気と害虫の防除			病気と害虫の防除		
増殖	さし木					さし木
	つぎ木	鉢上げ（芽つぎ苗）	つぎ木（切りつぎ）			
	取り木					

鉢植えの栽培

主な作業		1月	2月	3月	4月	5月
植えつけ	植えつけ・鉢上げ	大苗の鉢上げ			新苗の植えつけ 適期はソメイヨシノ開花後	
	鉢替え	大苗の鉢替え 成木の鉢替え（2〜3年に1回）			新苗の鉢替え	
手入れ	剪定・誘引・整枝	冬剪定・誘引（つるバラは誘引する）				
	ピンチ・芽かき			わき芽かき	開花調整	
	花がら切り					花がら切り
管理	置き場所	霜が降りない場所へ				
	防寒・暑さ・台風対策		防寒			
	追肥			固形の発酵油かすなどを施す（月1回／新芽が動いたら開始）		
	水やり	天候を見ながら行う（冬=気温が上がってから午前中に1回／夏=涼しい早朝と夕方に）				
	病気と害虫の防除			病気と害虫の防除		

※ このカレンダーは関東地方以西を基準にしています。

お手本にしたい！素敵なバラ生活

バラが満開に咲きほこる姿を楽しむのは、
バラ庭づくりの醍醐味。バラの花が
身近にある暮らしは自然と心も華やいできます。
春と秋、それぞれの個性が感じられる
三つの庭を紹介します。

▲庭の中央に島のようにつくられた植え込みのひとつ。あふれるように咲いている白の「アスピリン ローズ」に、オレンジがかった「キャラメル アンティーク」が調和している。

Rose Garden 1

小沢邸＊千葉県柏市

広さ約165㎡／バラ約70株

閑静な住宅街の一角、
低い木々に囲まれたバラの庭は、
奥さまが、たまたま入ったバラ園で
バラづくりの魅力を知り、誕生しました。
色とりどりの花に包まれたバラ庭づくりは、
ときどきご主人にも
お手伝いをお願いしているそう。
スクエアの庭は、芝生や通路、
コーナーを活かしつつ、
バラと草花がほどよく配されています。
自然な導線が描かれ、
花々に招き入れられるような
心地よい雰囲気にあふれています。

▲（右の写真と）同じ花壇の前年秋の様子。バラが少ない夏〜秋は、シュウメイギクなどが庭を飾る。

▲ハイブリッド・ティーが並ぶ隣家に面した花壇。くっきりとした色合いのバラが、背景のヤマボウシや白露錦などの緑と、足元に植えられたシロバナシランなどの草花と一体になって清々しい。バラは「サマー レディ」「ヴィクトル ユーゴ」「伊豆の踊子」「アルフォンス ドーデ」などが咲く。

▼手前「イブ ピアッチェ」と奥「サマー レディ」のピンクグラデーション。

▲花壇の「笑み」。

▲芝庭の一角にタイルを敷き、ガーデンテーブルと椅子を設置。椅子に座ると目の前にバラが飛び込み、休日にはご主人の憩いの空間になる。手前のオレンジ「笑み」は、庭の中心にできた暖かい日だまりのよう。

▲建物と庭をつなぐアーチ。アーチには「ピエール ドゥ ロンサール」がこぼれ落ちそうに咲いている。

◀庭の入り口から奥へとつながるアプローチは、鉢植えが並ぶコンテナガーデン風。鉢栽培のバラは、開花期や花色にあわせて場所を置きかえ、庭に変化を添える。

◀庭から切り取られたバラがリビングのテーブルを彩る。四季咲きのバラは花がらを切ったあと、こんなふうにアレンジしても楽しい。

バラ園に続く敷石を進むと、アーチの向こうにはどんな花が迎えてくれるのだろうと期待感が大きくふくらむ。淡桃色の花弁の中心に濃いブロッチが入るシュラブ・ローズ「アイズ フォー ユー」は、同系色をそろえた周囲のバラのまとめ役に。

Rose Garden 2

西岡邸 ＊ 千葉県千葉市

広さ約 165 ㎡／バラ約 200 株

西岡様ご夫妻。バラ選びは奥さまが中心なのかと思えば、じつはご主人もインターネットなどでついつい購入してしまうのだそう。バラを仲立ちにますます会話がはずむ。

住宅街へと続く
ゆるやかな坂道を上りきると、
こぼれるばかりに咲き乱れるバラが
視界に飛び込んできます。
西岡夫妻のご自宅の
はす向かいにあるその場所は、
200株のバラが植えられたバラ専用の花園。
自宅の庭とは別に、豊かな花と
素晴らしい香りを道行く人にも
心ゆくまで楽しんでほしいと、
ご夫婦で育て管理しています。
毎週月曜日には、
切ったばかりのバラを
携えて出勤するというご主人。
「職場のみんなにも、
このバラの香りを味わわせてあげたい」
とお話してくれました。
バラにそそがれる惜しみない愛情を感じ、
心癒やされるバラ園です。

▲秋の様子。「アイズ フォー ユー」のほか、むらさきの「プリンセス シビル ドゥ ルクセンブルグ」など秋でもバラを楽しめる。

◀アーチを飾るピンクの「ガートルード ジェキル」は、オールド・ローズ系の強い香りを放つイングリッシュ・ローズ。

▲赤むらさき色のコーナーの主役「バロン ジロ ドゥ ラン」。

▼ロマンティックな雰囲気のバラが好きという奥さま。甘いピンク系があふれるように咲いている。

▲雨が降ったあとの撮影で花首が垂れていたものが多いなか、すくっと上向きの「快挙」。

◀バラ園を奥に進むと、黄バラで飾ったアーチがさわやかに迎えてくれる。アーチに絡ませた「ガーデナーズグローリー」の足もとはオレンジ色の「ラ ドルチェ ヴィータ」。

◀いちばん奥は、「つるアイスバーグ」をメインにした白バラのコーナー。ベンチをしつらえ、お気に入りの花を楽しみながら静かなひとときを過ごす。

▲入り口近くのアーチに誘引した「アンジェラ」は、強健でよくつるをのばし、見応えのあるドームをつくってくれる。

3

Rose Garden

米川邸

＊東京都多摩市

広さ約 82 ㎡／バラ約 90 株

玄関脇のパーゴラはご主人のお手製。とかく無機質になりがちな建物の外壁をバラで飾り、周辺の風景にも彩りを添えている。

もともと山野草の庭づくりを楽しんでいらっしゃった米川さん。たまたま立ち寄った街の種苗店でバラの魅力に触れたのをきっかけに、バラ栽培がスタートしました。今ではご近所にもロザリアンの輪が広がり、情報交換をしながら競うように花を咲かせています。

バラが増えるにつれて、シジュウカラやメジロ、ヒヨドリなども庭を訪れるようになったとか。「小鳥たちは虫を食べてくれるので大歓迎」とおおらかに語ってくれました。

お気に入りは、キッチンの窓辺から見るバラ。バラと小鳥を眺めながらお茶を飲むのが、バラを育てる楽しみのひとつです。

▲玄関先のスペースは鉢植えを並べて飾る。鉢やコンテナは、花の咲く時期にあわせて入れかえることもでき、変化を楽しめるのがうれしい。

パーゴラを覆うように花を咲かせたバラたち。イングリッシュ・ローズを中心にカラフルに。「パット オースチン」「ブライス スピリット」「ゴールデン セレブレーション」「新雪」「ロイヤル サンセット」など。

▲二階のベランダから庭を望む。隣家の庭とバラでつながっているように見えるのも広がりを感じさせる。

▼庭のバラを眺められるように、キッチンはガラス面を多く設けた。開放的なキッチンからお気に入りの花を見ながらの料理は、楽しさも格別。

►つるバラと木立性のバラをうまく組み合わせ、花の高さを変えて見せる。壁面にはわせた「つるサマースノー」は、2階のベランダに届くほど伸ばして咲かせることで、地上とパーゴラ、壁面と花のかたまりが何層も重なってにぎやかに見える。

▼居間につながるパーゴラの下にはトレリスを設置して、「マダム ピエール オジェ」を誘引。あえてスペースにゆとりのある誘引で圧迫感を感じさせない配慮も。適度に空間があると庭の風通しもよくなる。

▲足もとの山野草の植え込みにさりげなく置かれた鉢植え「ベビー ロマンティカ」。

◄お好みは剣弁高芯《けんべんこうしん》咲《ざ》きのバラだそうだが、一茎一花のハイブリット・ティーだけだとさみしくなりがちなため、つるバラを組み合わせて楽しんでいるという。手前赤色の「レッド ライオン」とつるバラの「レベル クーヘン」は、適度な間隔を保った自然な配置で、圧迫感なく花を見わたせる。

▼南向きの庭は、パーゴラやアーチを利用して立体的に見せる工夫が随所に施されている。

はじめに……2

上手に育てる! バラ栽培カレンダー……4

お手本にしたい! 素敵なバラ生活……6

Lesson 1 バラ栽培の基礎知識

17→44

バラの知識

さまざまな系統があるバラの種類……18
●オールド・ローズのおもな系統 ●モダン・ローズのおもな系統
●アンティークローズについて

成長した姿がわかるバラの樹形……22
●ブッシュ・ローズ ●シュラブ・ローズ ●つるバラ

美しさが表れる花の咲き方……24
●花形の種類 ●花弁の種類

覚えておきたいバラの各部の名称……26

華やかさを際立たせるバラの香り……27

バラ苗の準備

知っておきたい苗を選ぶポイント……28
●バラ苗の入手方法 ●新苗と大苗の特徴
●新苗チェックポイント ●大苗チェックポイント
●開花苗チェックポイント ●長尺苗チェックポイント
●同じ品種を見比べて選ぶ

種類が多くて迷う品種を選ぶポイント……32
●植える空間をイメージする ●品種の性質を考慮して選ぶ
●受賞歴などを参考にする ●バラ園でいろいろな品種を見てみよう

栽培の道具

そろえておきたいバラ栽培の基本道具……34
●剪定バサミの手入れ方法

おしゃれに楽しみたいガーデンアイテム……36

用土と肥料

栽培環境を整えるバラのための用土……38
●おもな用土 ●用土の配合例

成長に欠かせないバラのための肥料……40
●基本の肥料の与え方 ●肥料の3大要素
●寒肥には有機肥料を使う ●肥料の種類
●バラに適した有機肥料 ●熔成リン肥は、ほかの肥料とは別に

もっとバラを知る! バラを育てる台木のはなし……44

Lesson 2
庭のデザインと花のカタログ
45→84

バラのデザイン

樹形を生かして楽しみたいバラの仕立て方……46
・スタンダード仕立て ・フェンス（ラティス）仕立て
・グランドカバー仕立て ・壁面仕立て ・トレリス仕立て
・ポール仕立て ・オベリスク仕立て ・ベッド仕立て
・パーゴラ仕立て ・ルーフ仕立て ・アーチ仕立て

憧れの庭をつくるバラ庭のデザイン……50
・バラ庭をデザインする手順 ・ベランダのデザイン
・集合住宅は最初に管理規約を確認 ・小さな庭のデザイン
・形や色の統一で品をプラス ・大きな庭のデザイン
・大きなモノから決めていくのがコツ

花を選ぶ

タイプ別に選べるバラの花カタログ……58
・病気に強い ・日陰に強い ・暑さに強い ・寒さに強い
・鉢植え向き ・庭植え向き

仕立て方もさまざま　おすすめのミニバラ……74
・ミニバラの樹形と仕立て方 ・ミニバラのおすすめ品種

バラを引き立てる相性のよい草花……76
・バラの足もとを彩る草花 ・日陰から半日陰に強い草花
・中型から大型の草花

空間を引き立たせるガーデンアイテム……80

もっと知りたい！　バラ選びのQ&A……82

もっとバラを知る！　バラに関するコンクールのはなし……84

Lesson 3
バラ苗の植えつけと殖やし方
85→126

バラの成長

幼木から成木になるまで　バラの生育サイクル……86
・新苗（幼木）の成長過程 ・成木の管理

鉢植えで育てる

鉢植えで楽しむための最適な土と鉢選び……90
・鉢バラ用の土の配合例 ・ピートモスの使い方
・鉢の大きさと号数 ・いろいろなタイプの鉢

春に行う新苗の鉢替え……92
・新苗の鉢替え ・鉢替え・鉢上げの際の水やりのコツ

秋に行う大苗の植えつけ……94
・大苗の植えつけ

丈夫な鉢植えに育てる鉢替え後の管理 …… 96
・新苗・大苗の追肥 ・新苗・大苗の鉢替え ・成木の土替え ・水やり

環境にあう品種を選ぶベランダの鉢植え …… 100
・ベランダ向きの品種 ・ベランダはここに注意 ・ベランダでのバラ栽培のコツ ・土のリサイクル

もっと知りたい！ 鉢植えのQ&A …… 102

庭植えで育てる

大切なことは3つ 庭植えバラの環境 …… 104
・よい環境づくり（日当たり、風通し／水はけ） ・庭の環境が整わないとき

春から育ててきた鉢植え株の植えつけ …… 106
・庭への植えつけ

冬の庭に植える大苗の植えつけ …… 108
・大苗の植えつけ

楽しみ方が広がる苗の植えつけ …… 110
・新苗の植えつけ ・長尺苗の植えつけ ・株の移植 ・忌地現象を避けるには

丈夫な株に育てる庭植え後の管理 …… 112
・庭植えの水やり ・上手な水やり方法 ・寒肥の施肥

もっと知りたい！ 庭植えのQ&A …… 114

バラの増殖

方法と注意点 さし木で殖やす …… 116
・さし木 ・さし木後の作業

方法と注意点 つぎ木で殖やす …… 120
・芽つぎ ・芽つぎ苗の育て方 ・切りつぎ ・切りつぎ後の作業

方法と注意点 取り木で殖やす …… 124
・取り木 ・取り木後の作業

もっとバラを楽しむ！ バラのハーブティーを飲んでみましょう …… 126

Lesson 4 季節ごとのバラのお手入れ

127→186

バラ栽培の作業

バラ栽培で欠かせない8つの重要作業 …… 128
・バラを育てるために必要な作業 ・ピンチとは？ ・ソフトピンチとハードピンチ

日頃の管理

よい樹形をつくるベーサルシュートのピンチ …… 130
・ベーサルシュートとは？ ・ベーサルシュートのピンチ

苗から成木になるまでのシュートのピンチ …… 132
・新苗の成長とシュートの発生

不要な芽をかき取る芽かきの作業……134
●芽かきのやり方 ●不定芽が出ている場合

花を長く楽しむつぼみのピンチ……136
●新苗のつぼみのピンチ ●ブラインド枝のピンチ

つぎの花を咲かせる花がら切りの作業……138
●房咲きの花がら切り ●春・夏の花がら切り
●晩秋の花がら切り ●寒冷地は晩秋の開花も必須

剪定

樹形を保ち健康にする剪定作業の必要性……140
●夏剪定と冬剪定 ●バラ剪定の基本 ●外芽と内芽について

秋の開花時期を想定して決める夏剪定の時期……142
●夏剪定の時期 ●早めの剪定が必要な品種
●葉が落ちて弱っている株 ●夏剪定の基本6つのポイント

さまざまなタイプの夏剪定のポイント……144

春の新芽が動き出す前に冬の剪定作業……148
●タイプ別剪定の目安 ●冬剪定の見本
●冬剪定の基本5つのポイント

枝数を多く残す鉢植えの冬剪定……152

株をつくるための幼木時期の冬剪定……154

剪定の実践
ブッシュ・ローズ ハイブリッド・ティー……158

剪定の実践
ブッシュ・ローズ フロリバンダ……160

剪定の実践
イングリッシュ・ローズなどシュラブ・ローズ……162

剪定の実践
オールド・ローズと原種……164

誘引

剪定と一緒に行うつるバラの誘引……168
●つるバラの剪定と誘引5つのポイント

フェンスなどに行う平面的な誘引……170
●枝が裂けてしまったとき

ポールなどに行う立体的な誘引……174

つるバラの仕立て方はさまざま いろいろな誘引例……176
●ベッド仕立て ●アーチ仕立て ●ポール仕立て
●棚仕立て ●直線的な誘引
●直立性シュラブをつるバラのように

ミニバラ

病害虫対策をしっかりと ミニバラを育てるコツ……178
●花がら切り ●ハダニ駆除 ●冬の剪定

生理障害

暑さ・寒さ・強風など季節にあわせた管理……180
●暑さ対策 ●寒さ対策 ●台風対策

もっと知りたい! お手入れのQ&A……182

もっとバラを楽しむ! バラの写真をきれいに撮ってみましょう……186

Lesson 5 バラの病気と害虫対策

187→201

病害虫の予防

栽培環境を整えて病気・害虫の予防……188

・病害虫を抑えるためのポイント ・バラに使われる市販のおもな薬剤

正しく使うことが大切 薬剤の散布方法……190

・薬剤散布の方法とポイント ・薬液のつくり方

・必要な薬液量と使用する薬剤量 ・水に溶けにくい薬剤

・薬害から身を守る

病気と害虫

バラ栽培で注意したいさまざまな病気……192

・うどんこ病 ・黒星病 ・灰色かび病 ・さび病 ・根頭がん種病

・ベト病 ・株の全滅を防ぎ新芽を守る

見つけたらすぐに駆除 バラにつく害虫……196

もっと知りたい！ 病気と害虫対策のQ&A……200

バラマイスター鈴木の全国おすすめバラ園……202

バラ苗が買えるこだわりのショップ……204

覚えておきたい用語解説……205

バラの索引……206

バラマイスター鈴木の とっておきレクチャー

庭植えの場合は、それまでの状況を確認しましょう……38

とくにおすすめの有機肥料は完熟馬糞堆肥です……42

バラ栽培の基本をふまえてこそ思い通りのデザインができます……51

最初から大きすぎる鉢は苗を過保護にしてしまいます……93

鉢植えが乾燥でしおれてしまったら……101

苗の状態にも気を配っておきましょう……105

バラに使う支柱は竹がおすすめです……107

バラはすべてシュート更新するわけではありません……131

ひとつだけ出てきた大苗の新芽は摘まんでおきましょう……133

寒さで芽が発達をやめてしまった枝先は切らずに残します……135

幼木期は花を咲かせてよい時期と避けたい時期があります……137

革の手袋はよくもんでなじませましょう……141

側枝がたくさんあるときは、残す枝数を制限しましょう……159

剪定せずに育ててしまった株は、まずは半分の高さに切ります……161

枝にひもをひと巻きしてから固定しましょう……175

黒星病の株を再生させてみましょう……193

「枝枯れ病」は丈夫な株に育てれば防げる症状です……195

害虫のサインを見逃さないようにしましょう……199

鈴木 満男

元 京成バラ園ヘッドガーデナー。京成バラ園の管理のほか、講習会、技術指導、バラのコンクールの審査員などを務める。

●本書は特に明記のない限り、2016年5月30日現在の情報に基づいています。

Lesson 1

バラ栽培の基礎知識

バラの知識 1

さまざまな系統がある バラの種類

バラは一般に、ワイルド・ローズ（野生種）、オールド・ローズ、モダン・ローズなどに区分され、さらにそれぞれ多彩な系統で区別しています。系統の由来や歴史、特徴などを紹介します。

オールド・ローズのおもな系統

ガリカ・ローズ
Gallica Rose

ヨーロッパから中近東に自生するロサ・ガリカをもとに育成されてきたもので、ローマ時代から栽培されていたもっとも古い系統。樹高は１ｍほどで、ブッシュ型の樹形が中心。トゲが少なく、赤バラの先祖ともいわれる。

カルディナル ドゥ リシュリュー

アルバ・ローズ
Alba Rose

ダマスク・ローズとヨーロッパ中部に自生するロサ・カニナの雑種ロサ・アルバをもとに改良されたといわれる系統。樹高は２ｍほどになり、寒さに強く比較的丈夫なものが多い。花は白色から淡いピンクのものまである。

ロサ アルバ セミプレナ

ポートランド・ローズ
Portland Rose

最初に登場した返り咲き性のオールド・ローズで、一説ではダマスク系とガリカ系の交配種からつくられたといわれる系統。花は鮮やかな濃赤色やピンクで、半八重咲きからクォーターロゼット咲きとなる。ダマスク香がある。

ローズ デュ ロワ フルール プルプレ

ダマスク・ローズ
Damask Rose

ロサ・ガリカとロサ・フェニキア（中近東に自生）の自然交雑種ロサ・ダマスケナと、ロサ・ガリカとロサ・モスカータ（ヒマラヤから北アフリカに自生）の交雑種ロサ・ダマスケナ・ビフェラの２つをもとに作出された系統。樹高は1.5ｍ前後が多く、甘い濃厚な「ダマスク香」を持つものが多い。

マダム ゾットマン

野生種と園芸品種、オールド・ローズとモダン・ローズ

バラは、バラ科バラ属の落葉低木（一部は常緑）で、世界中に１００〜１５０種の野生種があるといわれ、そのほか多くの変種や自然交雑種があります。

人工的な交配がはじめられたのは19世紀に入ってからですが、それ以前にも栽培中の交雑によって生まれたものがいくつもあります。それらのものも含めて、人の手が加わって誕生したものを園芸品種といいます。

バラの改良は、長いあいだペルシャやローマの流れをくむヨーロッパと、中国を中心とする東洋とで別々に進んでいました。18世紀

ハイブリッド・パーペチュアル・ローズ

Hybrid Perpetual Rose

バロン ジロー ドゥ ラン

ハイブリッド・チャイナにポートランドやブルボンなどがくり返し交配されて作り出された系統。花色は濃赤色から紅色、ピンク、白色まで、花形も多彩で、芳香を持つ。ハイブリット・ティーの交配親に使われている。

ノワゼット・ローズ

Noisette Rose

1811年に、アメリカでチャイナ・ローズのオールドブラッシュとロサ・モスカータを交配してつくられた品種から生まれた系統。つる性で独特のムスク香（麝香《じゃこう》）を持つロサ・モスカータの特徴が受け継がれている。枝は細くトゲが少ない。

マダム アルフレッド キャリエール

グリバルド ニコラ

チャイナ・ローズ（ハイブリッド・チャイナ・ローズ）

(Hybrid) China Rose

ポンポン ドゥ パリ

中国原産のロサ・キネンシス（コウシンバラ）とロサ・ギガンテアの流れをくむ系統。トゲが少なくて、ほっそりとした枝ぶり。四季咲きで、花色は鮮やかな紅色などがある。

ティー・ローズ

Tea Rose

クレメンティナ カーボネリ

チャイナ・ローズにブルボン・ローズまたはノワゼット・ローズを交配してつくられた系統で、花は大輪、四季咲きで紅茶の香りを持つ。後にモダン・ローズの系統ハイブリット・ティーの交配に用いられた。

ブルボン・ローズ

Bourbon Rose

ルイーズ オディエ

インド洋のブルボン島（現在のレユニオン島）で発見されたチャイナ系とダマスク系の自然交配でできた系統。返り咲き性で、豊かな香りを持つ。

末に中国のバラがヨーロッパに入り、交配に用いられるようになると、大きな変化を遂げました。

なかでも、１８６７年にフランスで作出された「ラ フランス」は、四季咲き性、剣弁高芯《けんべんこうしん》咲き、ティー系（中国のバラ）の香り、丈夫な花首という、それまでのヨーロッパのバラにはない性質を持つ画期的な園芸品種でした。

現在は、「ラ フランス」が誕生した年代をもとに、その前から存在していた系統をオールド・ローズ、それ以降に作出された系統をモダン・ローズと区別しています。また、バラは、おもに交配の際、親となった野生種や園芸品種をもとにして、いくつかの系統に分類されています。

モダン・ローズの最初の品種「ラ フランス」。系統はハイブリッド・ティー・ローズ。

「ラ フランス」と「レーヌ マリー アンリエット」の交配種「ラ フランス'89」。

モダン・ローズのおもな系統

シュラブ・ローズ

Shrub Rose

1867年以降に、フロリバンダやハイブリッド・ティー、野生種やこれまでの系統などを交配に用いて作出されたシュラブ型の園芸品種で、モダン・シュラブと呼ぶこともある。四季咲き性と豊富な花色がそろっていて、丈夫で手入れしやすく、修景バラとして利用されるものが多い。

ラズベリー ロイヤル

サマーモルゲン

シエスタ

フロリバンダ・ローズ

Floribund Rose

ポリアンサ・ローズとハイブリッド・ティー・ローズの交雑によってつくられた四季咲きの系統。中輪房咲き、多花性でボリュームがある。耐寒性があり、庭植え用のバラとして人気が高い。

黒蝶

ファビュラス！

フレンチ レース

ハイブリッド・ティー・ローズ

Hybrid Tea Rose

ハイブリッド・パーペチュアルとティー・ローズの交雑からつくられたモダン・ローズの先駆けとなる系統。大輪１輪咲き、完全四季咲き、剣弁高芯咲き、豊かな香り、多彩な花色などの特徴があり、耐寒性が高く、花茎がしっかりしていて花は上を向いて咲く。

ヨハネ パウロ２世

ピース

エレガント レディ

グランディフローラ・ローズ

Grandiflora Rose

ハイブリッド・ティーとフロリバンダ・ローズの交雑によってつくられた。花は中輪～大輪房咲きで、両者の中間的な性質を持つ系統。イギリスではフロリバンダに、日本ではハイブリッド・ティーに分類されることもある。

クイーン エリザベス

アンティークローズについて

クォーターロゼット咲きやカップ咲き、豊かな香りなどのオールド・ローズの雰囲気と、四季咲き性、多彩な花色、厚みのある花びらなどモダン・ローズの特徴をあわせもつ品種の通称です。四季咲き性で、花は大輪〜中輪、樹形はつる性から、ブッシュ、シュラブまで、さまざまなタイプが含まれます。

ノヴァーリス

ミニチュア・ローズ

Miniature Rose

一説には、コウシンバラの矮化《わいか》変種（小型化した変種）であるロサ・キネンシス・ミニマとポリアンサ系の交雑によってできたとされる小輪房咲きの系統。さまざまに交雑が行われていて、ポリアンサ・ローズと区別がつきにくいものも多い。

オレンジ　メイアンディナ

ファースト　インプレッション

チョコフィオーレ

イングリッシュ・ローズ

English Rose

オールド・ローズとモダン・ローズを交配してつくられた系統で、イギリスの育種家デビッド・オースチンにより、オールド・ローズの雰囲気と香り、モダン・ローズの四季咲き性や豊富な花色を兼ね備えたバラを目標に育成された。シュラブ・ローズのひとつでもある。

プリンセス　アレキサンドラ　オブ　ケント

ソフィーズ　ローズ

アブラハム　ダービー

ラージ・フラワード・ローズ

Large Flowered Climber

ロサ・キネンシスやロサ・ギガンテア、日本のノイバラなどを交配親にしてつくられた園芸品種に、フロリバンダやハイブリッド・ティーの園芸品種がかけあわされてできあがった中輪〜大輪のつるバラ。

エクスプルワ

ファイヤーグロー

ポリアンサ・ローズ

Polyantha Rose

小輪の花が房咲きにつく系統で、ノイバラ（日本に自生）とロサ・キネンシスを主な交雑親とするもの。この系統とハイブリッド・ティーの品種が交雑されてフロリバンダが誕生した。

Lesson 1
バラの知識❷

成長した姿がわかる バラの樹形

バラの樹形は、ブッシュローズ、シュラブローズ、つるバラ(クライミングローズ)の3つに大きく分けられます。それぞれの特徴を知り、栽培管理や庭づくりに生かせるようになりましょう。

樹形によって剪定方法が変わる

バラは、サクラやウメのような太い主幹《しゅかん》を持たず、地ぎわから同じような太さの枝をたくさん伸ばして樹形をつくります。バラを樹形によっておおまかに分類すると、枝が自立して株立ち状になるブッシュ・ローズ、半つる性ともいわれるシュラブ・ローズ、クライミング・ローズともいわれるつるバラの3つに分けられます。

ブッシュ・ローズは、枝の先に花芽が形成されますが、つるバラは側枝に花芽がつくられます。バラは樹形によって成長の性質が異なるため、剪定などの栽培管理や仕立て方が変わってきます。

木立ち性のバラ

ブッシュ・ローズ

枝が自立して伸び、樹形は株立ち状になります。枝がまっすぐ上に伸びる直立性と、斜め上方に伸びる半横張り性や横張り性があります。花は基本的に四季咲きで、その年に伸びた枝の先に花が咲きます。

株がコンパクトにまとまりやすく、剪定によって2分の1程度の高さに切りつめることができ、せまい庭や鉢植えでも栽培しやすい樹形です。ティー、ハイブリッド・ティー、フロリバンダ、ポリアンサ、ミニチュアなどが含まれます。

1 モナリザ(半横張り性)
2 サニー アンティーク(直立性)
3 リオ サンバ(半横張り性)
4 アルブレヒト デューラー ローズ(半直立性)

枝がつる状に伸びるバラ

つるバラ

枝が長く伸びてつる状になるバラで、枝が細くしなやかなタイプとやや剛直なタイプがありますが、多くは壁面やフェンス、アーチ、ポールなどに誘引して栽培します。枝変わりでつる性になったものや野生種、オールド・ローズ、イングリッシュ・ローズにもつる性のものがあります。

つるの長さによって、4～5mまでに伸びるタイプをクライミング、細くしなやかな枝がときには10m近くまで伸びるタイプをランブラーと分けることもあります。

1 スヴニール ドゥ ラ マルメゾン（つる性のオールド・ローズ）
2 つるゴールド バニー（つる性のフロリバンダ）
3 つるパパ メイアン（つる性のハイブリッド・ティー）

半つる性のバラ

シュラブ・ローズ

低木から半つる性となるバラで、ブッシュ・ローズとつるバラの中間的な性質を持っています。イングリッシュ・ローズのように、剪定によって枝を切りつめて木立性のように仕立てたり、長く伸ばしてつるバラのように仕立てたりと、いろいろな楽しみ方ができるものもあります。

モダンローズの一部、オールド・ローズ、多くのイングリッシュ・ローズがこのタイプに分類されます。

1 レディ オブ シャーロット（シュラブタイプのイングリッシュ・ローズ）
2 カクテル（つる性シュラブ）
3 クイーン オブ スウェーデン（シュラブタイプのイングリッシュ・ローズ）
4 ベル ロマンティカ（直立性シュラブ）

Lesson 1

バラの知識③

美しさが表れる 花の咲き方

バラは多彩な花色を持ちますが、花びらの形や花の咲き方もバラエティー豊かです。花びらのつき方や重なり方によって、咲き方(花形)に名前がついています。バラの花形を表す言葉を覚えておきましょう。

花形の種類

花形《はながた》とは花びらが集まった部分、いわゆる花冠《かかん》の咲き方のことです。花芯《かしん》の巻き方や開ききったときの花芯の分かれ方、花びらの数などで呼び名がついています。同じような咲き方でもいろいろな表現があり、明確な規定はありません。多くは、咲きはじめから咲き進むにつれて、形が変化していきます。

高芯《こうしん》咲き

花びらが花芯を高く包み込むように咲く咲き方。さらに咲き進むと形は変化することが多い。

シンプリー ヘブン
(半剣弁高芯咲き)

ミラマーレ
(半剣弁高芯咲き)

ロゼット咲き

外側の花弁に比べて内側の花弁が小さく、花が開ききると花芯が平らになり、花びらが放射状にならんで見える咲き方。

黒蝶(ロゼット咲き)

ロマンティック アンティーク
(半剣弁ロゼット咲き)

ソフィーズ ローズ
(丸弁ロゼット咲き)

ポンポン咲き

花びらが小さくたくさん集まって、ポンポンのような丸い形になるもの。

ホワイト メイディランド
(ポンポン咲き)

クォーター ロゼット咲き

ロゼット咲きに似ていて、5分咲き程度になると花芯が4つくらいに分かれる咲き方。

ボレロ
(クォーターロゼット咲き)

抱え咲き

花芯の巻き方で、5分咲きくらいになると、花芯が緩くほぐれるような形になる咲き方。

マイ ガーデン
(丸弁抱え咲き)

花弁の種類

花弁《かべん》は花びらのことです。花弁の形から「剣弁咲き」などと咲き方を表すこともあります。

剣《けん》弁《べん》

ウェディング ベルズ（剣弁高芯咲き）

花びらの縁が外側に反り返り、とがった形になったもの。

半《はん》剣《けん》弁《べん》

ハニー ブーケ（半剣弁カップ咲き）

剣弁ほどとがっていないが、花びらの縁が外側に反り返っているもの。

丸《まる》弁《べん》

ビブ ラ マリエ！（丸弁抱え咲き）

花びらの縁が丸みをおびているもの。

波《は》状《じょう》弁《べん》

ピンク フレンチ レース（波状弁咲き）

花びらの縁が波打っているもの。

カップ咲き

花芯が高くならず。丸くカップ状になる咲き方。

ベビー ロマンティカ
（カップ咲き）

アブラハム ダービー
（ディープカップ咲き）

一《ひと》重《え》咲き

花びらの数が５枚の花で、野生種に多い。

カクテル（一重平咲き）

デンティベス（一重平咲き）

半《はん》八《や》重《え》咲き

花びらの数が6～19枚程度の花。

かれん
（半八重咲き）

平《ひら》咲き

花びらが横から見たときに平らになるような咲き方。

マンダリン
（半剣弁平咲き）

Lesson 1

バラの知識4

覚えておきたい バラの各部の名称

バラ栽培をするために知っておきたい名称です。バラのどの部分をさす言葉なのか、覚えておきましょう。そのほか、バラ栽培に関する用語解説は、205ページにありますので参考にしてください。

各部の名称

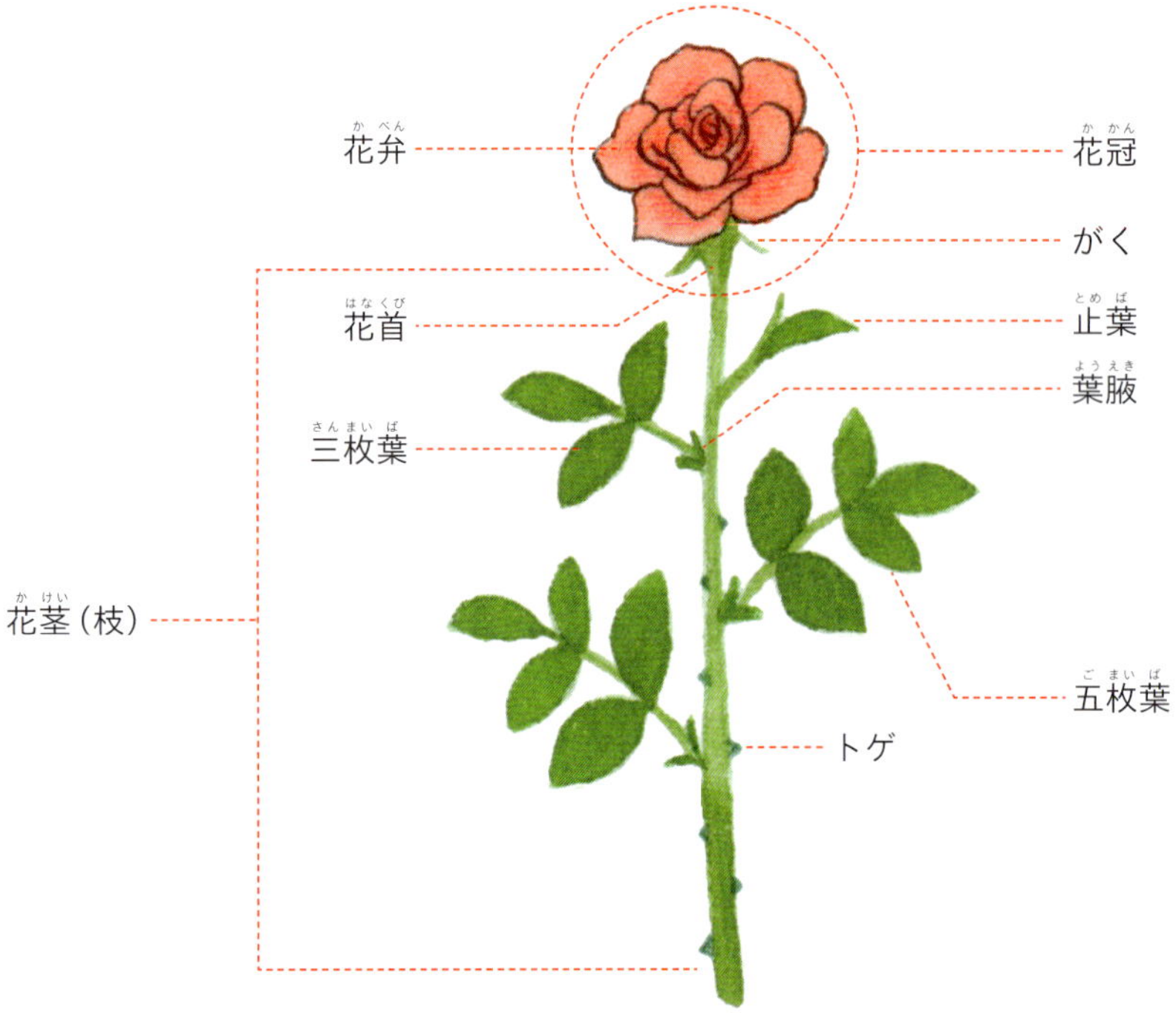

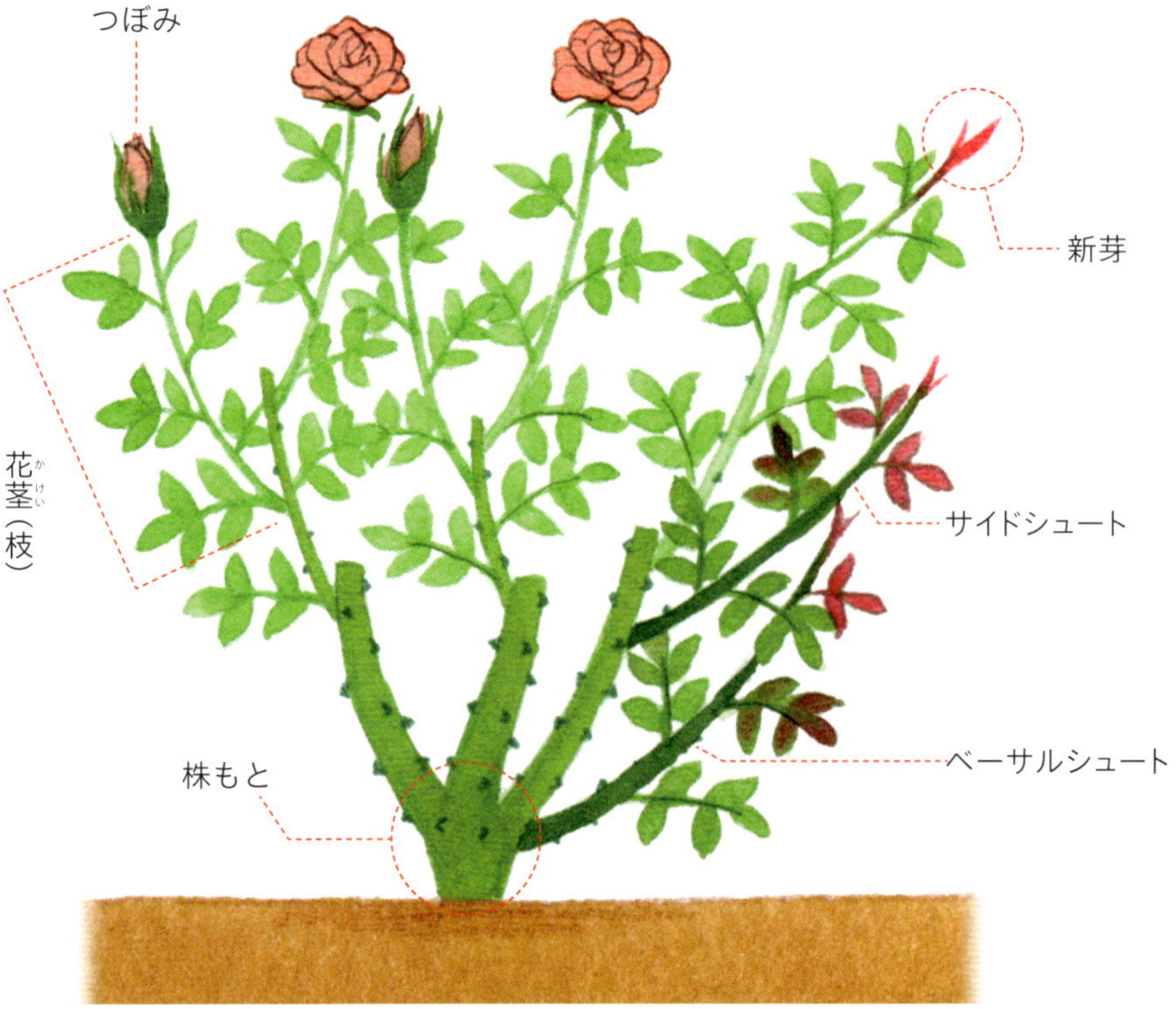

※ イラストはイメージ

Lesson 1

バラの知識5

華やかさを際立たせる バラの香り

バラは、バラエティに富む花の香りも魅力のひとつ。ときには香りをめぐって、会話がはずむこともあります。香りが生まれるしくみを知り、実際の花の香りを楽しんでみましょう。

バラの香りは時間とともに変化

バラの花の香り成分は、多くは花びらの表面の腺《せん》にあり、朝、気温が高くなるにつれて、成分が揮発して香るようになります。そのため、一般に野生種や花びらの少ない品種よりも、花びらの多い品種のほうが香りが強くなります。

バラの香りは多くの成分が複雑に混じり合っていますが、成分によって揮発する温度が異なるため、早朝から時間が経つにつれて香りの印象が変化していきます。

香りは感覚的なもので表現にきまりはありませんが、おおむね下表の7つに分類されています。代表的な品種をあげていますが、ほかの香りが混じっていたり、時間とともに変化したりと決して一様ではなく、気温や天候、栽培条件などによっても変わってきます。

名　称	特　徴	代表的な品種
ダマスク香	オールド・ローズ香ともいい、香水用のバラの代表種ロサ・ダマスケナの花の香り。	パパ メイアン、薫乃、ハイディ クロム ローズ、ルージュ ピエール ドゥ ロンサール、フレグラント アプリコット など
フルーツ香	モモやアンズ、洋なしなどの果物を思わせるみずみずしく甘酸っぱい香り。	ナエマ、ダブルデライト、ボレロ、マイガーデン、ジュード ジ オブスキア など
ティー香	さわやかな紅茶のような香り。中国原産のロサ・ギガンテアがもたらした香りといわれている。	桃香、ディオラマ、ガーデン オブ ローゼズ、ザ レディー ガーデナー、ゴールデン セレブレーション、グラハム トーマス など
柑橘香	レモン、ベルガモット、マンダリン（みかん）のような酸味を感じさせるさわやかな香り。	レディー ヒリンドン、ガーデン パーティー、夢香、アライブ など
ミルラ香	ミルラは没薬《もつやく》ともいい、アニスやラベンダーなどのほろ苦く青臭みを感じるハーブ系の香り。	クロード モネ、セント セシリア、ピエール カルダン、ボスコベル、アンブリッジ ローズ、セプタードアイル など
スパイス香	スパイスのクローブ（丁字《ちょうじ》）やカーネーションのような香り。	デンティベス、粉粧楼 など
ブルー香	ブルームーンの花の香りに近い香り。ダマスク香とティー香が混在したような香り。	ブルー ムーン、しのぶれど、ブルー パフューム、エンチャンテッド イブニング など

桃香はティー・ローズの甘い、さわやかな香りを持つ。

ナエマはレモングラス、モモ、アンズなどのフルーツ香が中心。

薫乃はダマクスを基調にフルーティーでやわらかさも感じる香り。

Lesson 1

バラ苗の準備❶

知っておきたい 苗を選ぶポイント

バラ栽培のスタートは苗の入手です。どんな苗を、どこで購入したらよいのでしょうか。育てる環境を意識しながら苗を探します。最初は専門家のアドバイスを受けながら選ぶとよいでしょう。

バラの苗を購入できるところ

バラ苗の入手は、店頭での購入だけでなく、カタログやネットの通信販売も充実しています。ただし、初心者の場合は、専門家のアドバイスを受けながら実際の苗を見ることができる、園芸店やバラの専門店などで購入するのがおすすめです。

カタログやネットで注文する場合は、花の写真だけで決めずに、どのくらいの大きさでどんな風に育つのかを知るため、樹高、樹形なども確認します。耐寒性、耐病性などのチェックも大切です。

街のフラワーショップでは、品種ラベルがついていなかったり、くわしい育て方を知らない販売店もあります。また、バラ専門店などに比べると状態の悪い苗が店頭に並んでいることもあるため、要注意です。

バラ苗の入手方法

1 店頭での購入

バラ苗の専門店、園芸店、ホームセンター、フラワーショップなどで購入できます。苗の状態のよいもの（➡P30）、品種ラベルのあるものを選びましょう。

2 通信販売での購入

カタログやインターネット利用での購入。カタログは事前に請求して取り寄せます。苗の状態を確認できないので、アフターフォローがあるなど信頼できる店で購入しましょう。

新苗と大苗の特徴

	性質	姿形	流通時期	植えつけ適期
新苗	8月~10月に芽つぎしたもの、または1月~2月に切りつぎしたものを、春に鉢上げした苗	1~2本の枝が長く伸び、新芽、つぼみをつけている	3月下旬~7月	4月中旬~5月下旬（関東以西）
大苗	芽つぎや切りつぎしたものを、畑で約1年間育てた苗	数本の枝があり、つぼみや葉はついていない	9月下旬~3月	9月下旬~3月

バラ苗には新苗と大苗がある

市販されているバラの苗には、「新苗《しんなえ》」と呼ばれるものと、「大苗《おおなえ》」と呼ばれるものがあります。

新苗は、8月~10月または1月~2月につぎ木（➡P120）したものを、最初に迎えた春に畑や苗床から掘り上げ、鉢上げをした苗です。大苗は、新苗をそのまま畑で約1年間育てた苗です。そのため、新苗よりも大苗のほうが株が充実しており、初心者には扱いやすいといえます。

新苗の流通は、3月下旬~7月ごろまでです。枝が1~2本長く伸び、葉やつぼみがついているのが一般的です。新苗の植えつけは、関東地方以西であれば、その土地のソメイヨシノの開花スタートから1週間ほどの間がもっとも適した時期です。遅くとも5月下旬ごろまでに植えつけるとよいでしょう。

大苗は9月下旬~3月ごろまで流通します。枝が数本出ており、流通しはじめのころは葉がついていない状態が普通です。植えつけは購入したらすぐに行いますが、初心者は寒くなる前に活着する秋植えか、寒さがやわらぐ2月下旬~3月がおすすめです。

大苗

ロングポットに仮植えされたものが一般的だが、根が出ている裸苗や根を水苔などで包んだ根巻き苗もある。

新苗

ビニールポットに入った状態で流通している。

台木と穂木のつぎ口がテープで保護されている。つぎ口にぐらつきのないものを選ぶ。

苗を購入するときに大切なこと

購入するときには、苗の状態をよく観察しましょう。新苗、大苗とも、よい苗を選ぶにはそれぞれにチェックするポイントがあります。どちらにも共通しているのは、いきいきと元気に見えるものを選ぶということ。また、品種ラベルがついていることも大切。バラは品種によって管理方法のコツが違うので、苗の品種や系統を知ることはバラ栽培に必要なことです。

手軽に楽しむなら開花苗や長尺苗を

開花苗《かいかなえ》は、園芸店やバラ園で開花まで管理し、花が咲いている状態で流通している鉢苗です。店頭には、4月中旬〜5月に並びはじめますので、まずは手軽にバラと親しみたい人にはおすすめです。購入の際は、花の状態だけではなく株全体をチ

新苗 チェックポイント

例 アイスバーグ

◎新芽が出て、枝が伸びているか。ブラインドシュート（花芽のつかない新梢）でもよい。
NG 枝の上部が切られているものは状態が悪い。
◎病害虫の発生がないか。病気や害虫による食害の跡がないか葉の裏もチェックする。
◎枝の節と節の間が短く、全体的に間伸びしていないか。
◎葉がたくさんついて、葉色がよいか。NG 黄色く枯れ込んでいたり、黒く変色しているものは避ける。
◎苗の下のほうにも葉がついているか。
NG 下のほうの葉が大きいものは、ハウスなどで保温され管理されていたもの。苗としては軟弱。

大苗 チェックポイント

例 フロレンティーナ

◎1本でも堅く太い枝（直径約1〜1.5cm）があるか。
NG 枝数が多くても、細くやわらかい枝ばかりではよくない。
◎輸入苗の場合、全体的に枯れ込みがないか。
◎芽がふくらんでいる、または伸びているか。
◎樹皮が木質化しているか。
NG 樹皮や切り口に黒っぽいしみがあるものは病気の可能性もある。

◎根が見えている裸苗の場合、根が太く長いか。

エックしましょう。新苗や大苗と同様、太くしっかりとした枝が伸びていれば充実した株といえます。

長尺苗《ちょうじゃくなえ》とは、つるバラに支柱を立ててつるを長く伸ばした状態で販売している苗です。つるが長く育っているため、購入後すぐにフェンスやポールなどに誘引できます。1年を通して流通していますが、植えつけは、9月下旬～3月ごろがベスト。それ以外の時期は苗が活動しているときなので、植えつけ後は毎日様子を見て、適宜水やりなどをしましょう。

Point

同じ品種を見比べて選ぶ

苗選びに慣れていない初心者の場合は、同じ品種の苗をいくつか見比べ元気のよいものを選ぶとよいでしょう。4月上旬で全体が30㎝以上伸びている新苗は、温室で加温されていた可能性があります。そのような苗は寒さに慣れていないため、遅霜に当てないよう注意が必要です。

長尺苗 チェックポイント

例 つるサマースノー

写真は4月下旬～5月中旬ごろの苗。

◎葉がたくさん残っているか。時期によっては葉が少ないものもある。

◎芽が伸びているか。時期によってはつぼみがついているものもある。

◎太くしっかりした枝が伸びているか。

開花苗 チェックポイント

例 サニー アンティーク

◎濃い色の葉がたくさんついているか。

◎花茎が長いか。

NG 花茎が短いものは状態があまりよくない。

◎病気や害虫による食害の跡がないか。

◎ほかの株と比べて形状がおかしくないか。

Lesson 1

バラ苗の準備②

種類が多くて迷う 品種を選ぶポイント

苗を買うときには、品種名がわかるものを選ぶことが重要ですが、実際に買うとなると、たくさんの品種の中からどれを選んだらいいか迷うこともあるでしょう。ここでは品種選びのポイントを確認しましょう。

バラ選び：ポイント❶

植える空間をイメージする

まずは、植える場所とその空間のデザインを考えます。

- □ 鉢植えか、庭植えか
- □ 庭植えならフェンスに沿わせるのか、アーチに絡ませるのか
- □ 広い庭か、せまい庭か、ベランダか
- □ 色は統一感を出すのか、カラフルにしたいのか など

　鉢植えなら大型になりすぎない品種にしますが、大きめの庭でバラをメインにしたいなら、大きく育つものでもよいでしょう。花壇の混植には木立性のものが管理しやすく、スペースがあるなら横張り性や半つる性の品種も存分に楽しめます。

　つる性の四季咲き品種は、一季咲きに比べると枝の伸びがゆるやかなため、せまい範囲でもコンパクトに誘引しやすいでしょう。枝がやわらかくよく伸びる一季咲きは広い面積の誘引におすすめです。花の色でも品種は絞られます。

プリンセス アレキサンドラ オブ ケント

大輪のイングリッシュ・ローズ。耐病性があり鉢植えにも向く。強香種。

サハラ '98

四季咲き大輪のつる性。耐病性がある。伸長率2.5m程度。

ブラック バッカラ

四季咲き大輪でトゲが少ない。樹高1.3m～1.5m程度。

育てる環境にあわせたバラ選び

　バラの園芸品種は2万種とも3万種ともいわれ、その中から市場に流通しているのは2000～3000種といわれています。毎年新しい品種が誕生する一方で、淘汰され消えていく品種もあり、正確な数はわかりません。

　品種を選ぶ際、つい、好みの色や花形で選びがちではありませんか？　それもひとつの方法ですが、それだけでは、上手に育てられない可能性もあります。

　どんな場所に植えるのか、将来どんな庭やベランダにしたいのか、管理や作業にどれくらい手をかけられるのか、品種を選ぶときには、その苗を育てる環境を念頭におきましょう。環境を把握した

バラ選び：ポイント❷

品種の性質を考慮して選ぶ

育てる環境を確認し、バラにどんな性質を求めるか考えてみましょう。

- □ 寒さ・暑さの厳しい地域か、風が強い場所か
- □ 十分に日が当たる場所か、陰になりやすい場所か
- □ 道路に面した場所か、庭の中心か
- □ バラ以外にどんな植物が植えられているか
- □ バラの管理に十分手をかけられるか など

環境にあわせて、耐寒性・耐暑性などにすぐれた品種を選びます。歩道に面したフェンスなどでは、トゲの少ない品種や通行する人も楽しめる香りの強い品種を選ぶのもよいでしょう。平日は仕事などで手入れに時間をかけられないという人は、耐病性のある品種を選ぶことで病気のリスクを減らせます。品種ごとの性質をチェックして、環境にあうものを選ぶと失敗もしにくくなります。

バラ選び：ポイント❸

受賞歴などを参考にする

コンクールで選ばれたバラは、優秀な品種で人気もあります。

- □ ADR　耐病性・耐寒性が重視される
- □ GENEVE　有機農法の栽培で耐病性も重視される
- □ WFRS　3年に1度バラの殿堂入りが選ばれる
- □ JRC　花形、耐病性、香り、新奇性など総合的に
- □ ECHIGO　香りの評価が高い など

（コンクールについて➡P84）

コンクールは優れた品種に賞を与えるものですが、コンクールによって重視するポイントが異なります。そのため、どのコンクールでどんな賞を取ったのかがわかれば、その品種が高く評価された点もわかります。賞の特徴を知ることで、自分が育てる環境にあう品種かどうか確認しやすくなります。また、受賞した品種は人気が出て育てる人も多くなるので、情報入手がしやすいというメリットがあります。

バラ園でいろいろな品種を見てみよう

品種選びに迷ったらバラ園に出かけてみるのもおすすめです。バラ園には、数多くの品種・株が植えられており、品種ごとの成長した姿を見ることができます。開花時期に訪れれば、枝がどのように伸び、どんなふうに花がつくのか、実際に花が咲いている様子を確認できます。バラ園の管理もさまざまですから、複数のバラ園に出かけ、同じ品種を見比べてみるのもよいでしょう。品種名がわかれば育て方の相談などもできます。

うえで、品種の性質を考慮し、環境に比較的スムーズに適応しやすいものを選ぶと失敗が少なくすみます。

Lesson 1

栽培の道具

そろえておきたい バラ栽培の基本道具

バラはトゲがあるため、作業には手袋が欠かせません。剪定や誘引の作業には、剪定バサミや結束資材が必需品です。ここで紹介するものはバラ栽培に必要な基本の道具です。ひと通りそろえておきましょう。

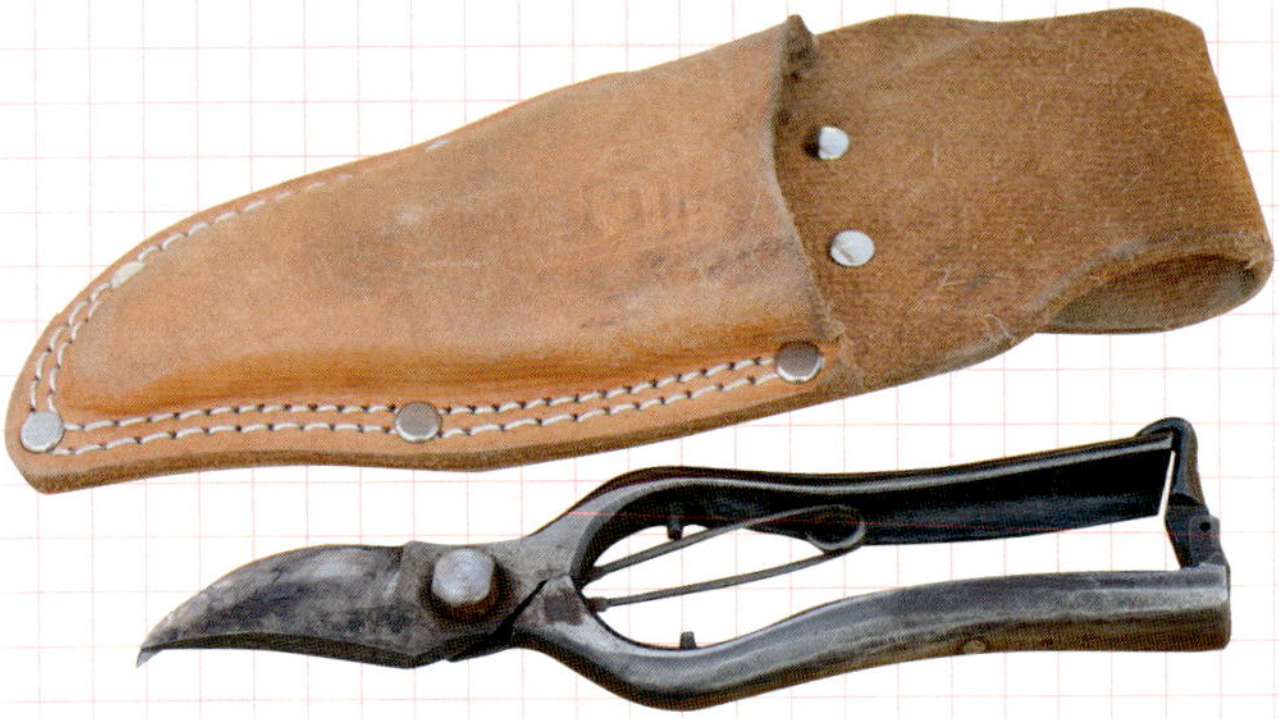

剪定バサミ

花がら切りや剪定に使います。さまざまなタイプがあるので、手に取ってみて、重さや大きさなど実際に確認して選ぶとよいでしょう。

花がらや枝を落とさずに切れるホールドタイプの剪定バサミも便利です。

ノコギリ

太めの枝を切るときに使います。片歯タイプで小型のもので十分ですが、刃が薄いものは曲がりやすいので、厚めのものを選びましょう。

剪定バサミの手入れ方法

普段は、使い終わったら樹液やヤニをふき取ります。切れが悪くなったら砥石で研ぎます。砥石は、荒研ぎと仕上げ研ぎの中間で使う「中砥」を3～4㎝角ぐらいに割り、水に濡らして使います。

消毒の仕方

気になるときは、熱湯に刃を数分間つける。あきらかに病気の枝を切ったときは、オスバンSを3000倍に薄めた液に数分つける。

ハサミの研ぎ方

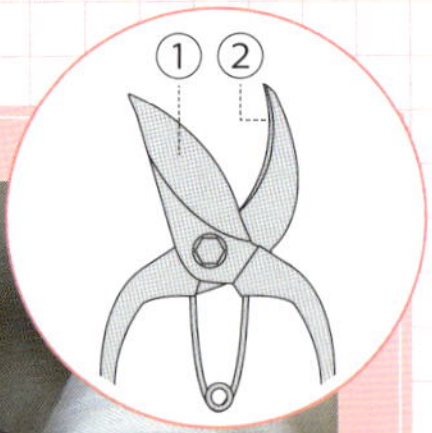

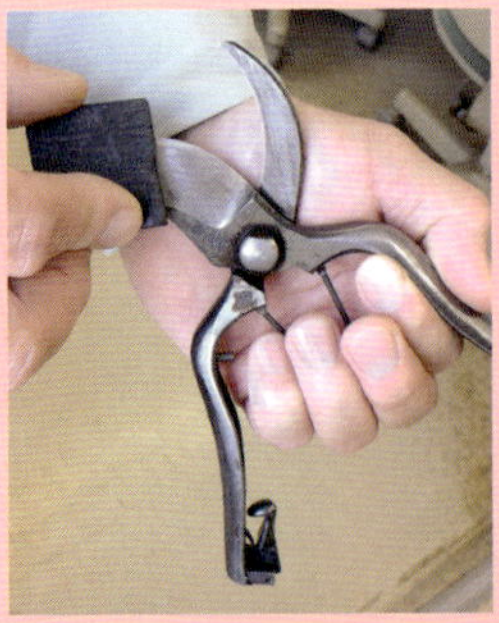

1 図の①の部分を水でぬらした砥石でしっかり研ぐ。

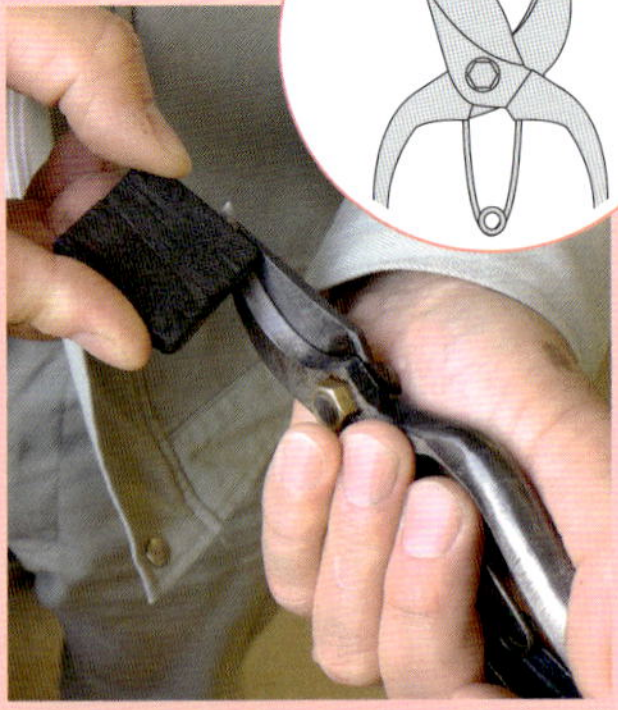

2 ハサミを閉じロックして、②の裏面をカーブに沿ってしっかり研ぐ。

3 ハサミを広げ、①の裏面を軽く研ぐ。

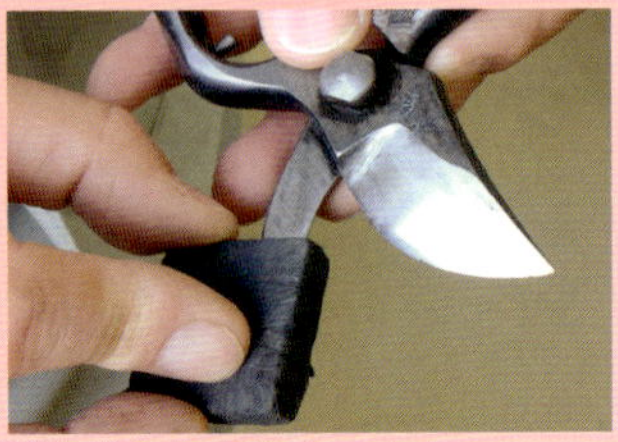

4 ②の平らな部分を軽く研ぐ。

手袋

手袋はトゲから手を守るため、革製のものを使います。甲の部分が布製のものは、誘引の際にひもが結びやすいのでおすすめです。
▶2,800円（K）

アームカバー

剪定や誘引の際にあると便利。洋服の袖にトゲが引っかかるのを防いでくれます。厚めの木綿などで自作してもよいでしょう。

ジョウロ、ハス口

できるだけハス口の穴の細かいものがおすすめです。穴が細かいと水の出がやわらかくなり、水の勢いで土が流れてしまうのを最小限にしてくれます。
▶トタン散水ジョウロ
2,500円（K）

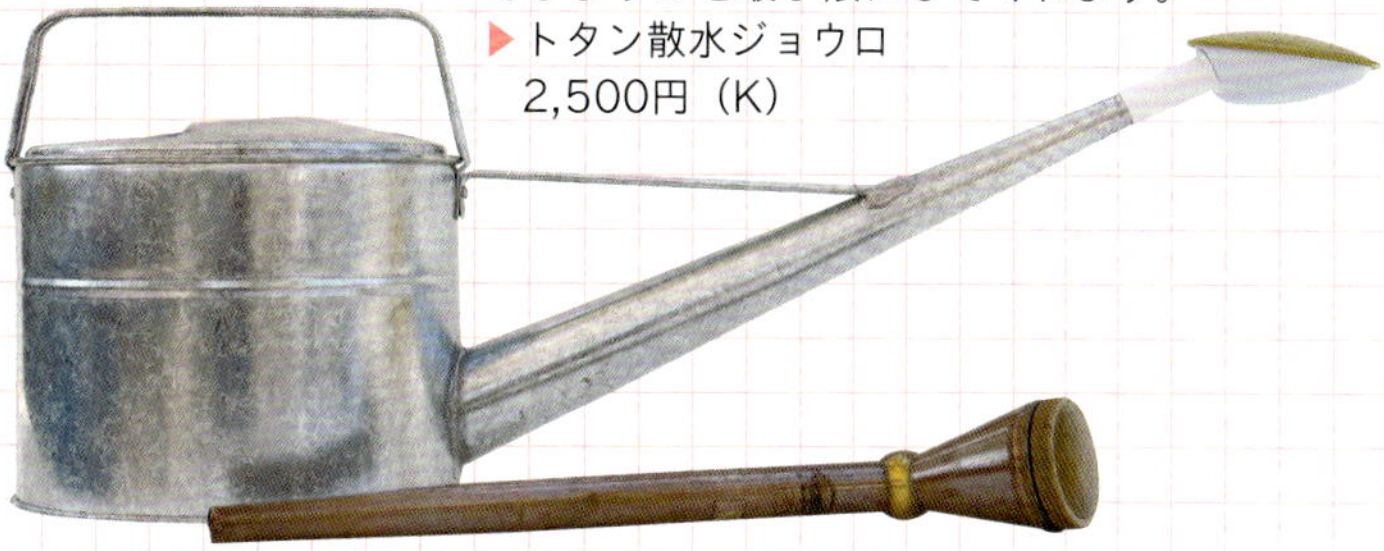

結束資材

枝を支柱やフェンスなどに誘引するために使います。いろいろな材質がありますが、麻ひも、シュロ縄など自然素材のものがおすすめです。
▶NUTSCENE黒・茶・オレンジ
各1,100円（K）

スコップ

小型のものは鉢替えの際、土を入れるのに使います。手に取ってみて、扱いやすいものを選ぶとよいでしょう。
▶ガーデニングスコップ
300円（K）

計量用具

薬剤を扱う場合は、分量を守ることが大切です。計量カップ、計量スプーン、スポイトなどメモリのついた計測器具で調合します。
▶グリーンカップ
680円（K）

噴霧器

薬剤散布の際に使用します。薬剤は株全体に散布するので、大きめの株が複数ある場合は、電動式が便利です。そのほか手動式やコンパクトなものなど、使い勝手を考えて選ぶとよいでしょう。
▶ハイパワー電池式
噴霧器5ℓ
オープン価格（F）

マスク、ゴーグル

薬剤散布の際は、マスクとゴーグルを着用します。
▶農薬散布マスク、噴霧器散布用ゴーグルともにオープン価格（F）

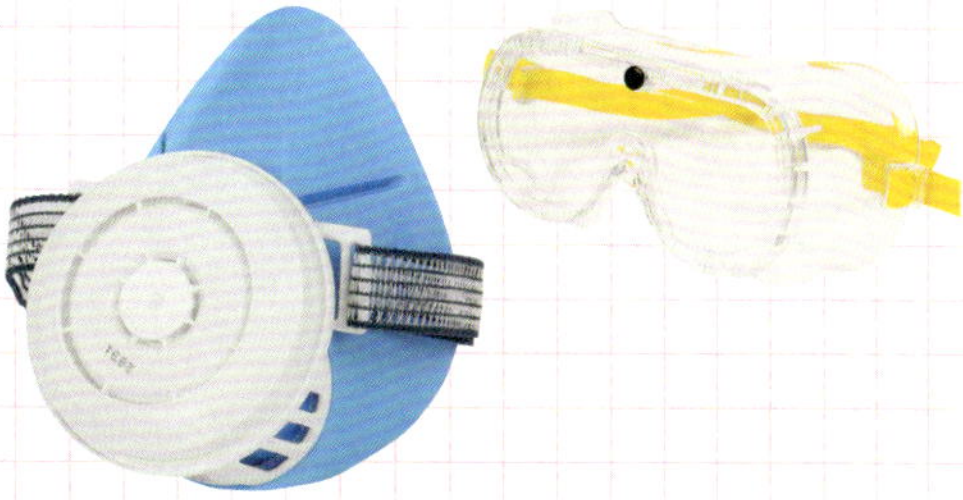

取り扱い：(K) 京成バラ園ガーデンセンター、(F) 藤原産業株式会社　※価格は消費税別です。価格表示のないものは監修者の私物。

おしゃれに楽しみたい

ガーデンアイテム

Garden items

庭や鉢植えのアクセントになるアイテムや、ちょっとおしゃれなガーデングッズです。お気に入りのものを見つければ、バラ栽培の作業も楽しくできそうです。

グローブ
glove

バラを扱うときには革製がおすすめです。ロングタイプなら、洋服の袖にトゲが引っかかるのを防いでくれます。
▶スエードグローブ 3,150円
▶ロンググローブ 4,200円（K）

草取りなどの庭作業はコットン製の手袋でもOKです。
▶各500円（K）

ツール
tool

おしゃれなスコップやフォークがあれば、植え替えなどの作業も楽しくできます。▶木製取手スコップ1,300円、ストロベリー柄スコップ1,100円、花柄フォーク930円／すべて（K）

花がらや剪定した枝は、その場に落としたままにせず、必ず処分します。布製のバケツは花がらや枝を入れても軽く、移動が楽です。
▶ガーデンバケツ 65ℓ
オープン価格（F）

バラの形をした柵はロマンティックな雰囲気を出してくれます。複数並べてもおおげさな感じがしないので、さりげなく使えます。▶フェンスアクセサリー 2,100円（K）

アクセサリー
accessory

アイアンの小物はバラの庭とも相性がばつぐんです。黒猫が迎えてくれるウェルカムボードで気分も和やかに。
▶ウェルカムボードねこ4,600円（K）

ワンちゃんのおしっこ禁止のドッグサインは道路に面した花壇にさして、お散歩中の人たちにアピールしましょう。▶ドッグサイン1,500円（K）

水道をモチーフにしたガーデンサインは庭の隅や鉢植えにさしてかわいいアクセントに。
▶ガーデンアクセサリー 4,200円（K）

鉢台
bowl stand

高さのある鉢台なら、空間が立体的に使えます。鉢の重さに耐えられるものを選びましょう。▶フラワースタンド
2,700円（K）

鉢植えは地面から少し離しておくと、水やりの際の水抜けがスムーズ。鉢の下に置く素焼きのポットフィートは、鉢の大きさにあわせて3～4個使用します。
▶ポットフィート各200円（K）

大きく育った鉢植えも車輪つきのプラントトローリーなら移動が楽です。さび加工があると戸外でも安心です。▶プラントトローリー／ラウンド、スクエアとも2枚組で各4,167円（G）

▶ローズチェア（白）
3,500円（K）

ネームプレート
nameplate

株ごとに品種名を記載し、土にさしておきます。鉛筆など、雨に濡れても消えにくい筆記具で書きましょう。▶アニマルラベル（リス）160円、家型ラベル・短冊ラベルは各110円／すべて（K）

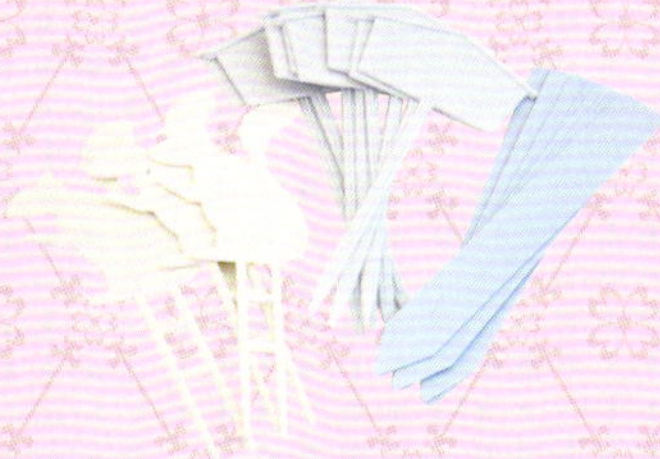

エプロン
apron

皮製のエプロンは、使うほどに皮がなじんできます。鮮やかな色を選んで気分も明るく。
▶イギリスBradley'sツールロールエプロン
11,300円（L）

ナイロン生地で撥水性のあるエプロンは汚れもつきにくく庭仕事向き。ポケットがたくさんついているので、花がらつみなどにも便利です。▶Secret Du Potage撥水ワークエプロン7,800円（L）

ブーツ
boots

ショートブーツは足首まわりが細いとスッキリとした印象に見えます。長時間履いていても疲れにくいソールのものを選ぶとよいでしょう。
▶フランスLe Chameauアンジュミドルブーツ　ブラウン16,000円／ラバーブーツオリーブ15,000円（L）

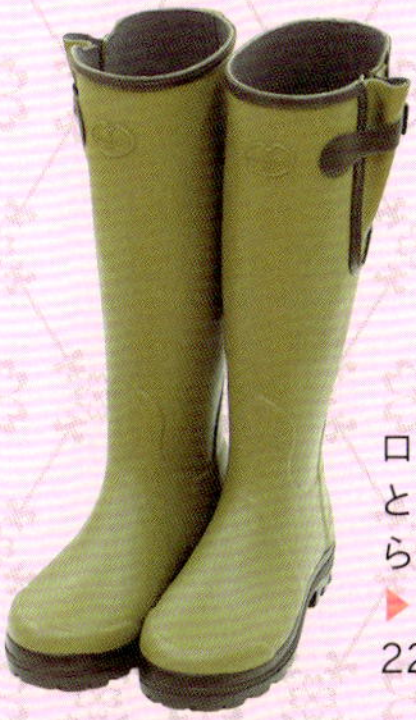

ロングタイプは、ふくらはぎが太めだと着脱しやすくなります。ゴムがやわらかいものは足の折り曲げも楽です。
▶フランスLe Chameauラバーブーツ
22,000円（L）

取り扱い：(K) 京成バラ園ガーデンセンター、(L) ライフタイム、(G) ガーデナーズジャパン、(F) 藤原産業株式会社　※価格は消費税別です。

栽培環境を整える バラのための用土

バラ栽培の用土は、苗や根の状態、管理の仕方などにあわせてブレンドを変えることが大切です。それぞれの用土の性質をおさえて、オリジナルのブレンドができるようになれば上級者です。

バラ栽培に使われるおもな用土

植物を栽培するための土を用土といい、2種類以上の用土に肥料を加えて混ぜ合わせたものを配合土または培養土などといいます。

バラ栽培では、鉢植えなら赤玉土を基本の用土とし、それにピートモス、もみ殻くん炭などの植物用土、鉱石を焼き固めたパーライトなどの人工用土を加え、堆肥を混ぜて用います。通常は、植え替えの時期や苗の状態にあわせて用土をブレンドします。庭植えは、庭土を基本の用土とし、堆肥、肥料などを混ぜて用います。

おもな用土

赤玉土《あかだまつち》

赤土を乾燥させて、ふるいにかけ微塵《びじん》を取りのぞいたもので、赤土に比べて排水性、通気性がよくなります。粒の大きさに種類があり、小さい鉢には小粒を、大きい鉢には大粒を使うとよいでしょう。

ピートモス

水ゴケやスゲ類などの有機物が堆積し、長い時間かけて分解してできた土で、通気性、水もち・肥料もちがよく、性質は腐葉土に近くやや酸性を示します。少ししめらせてから使います。

パーライト

火山岩の一種を約1000℃で焼き、多孔質（小さな穴がたくさんある状態）にしたものです。養分はありませんが、土壌の排水性、通気性をよくする効果があります。

もみ殻《がら》くん炭《たん》

もみ殻を蒸し焼きにして炭状にしたもので、通気性がよく、堆肥や土にすむ微生物を活性化させ、酸性を和らげる効果があります。保温材としても使用します。

バラマイスター鈴木のとっておきレクチャー

庭植えの場合は、それまでの状況を確認しましょう

庭植えの場合は、その庭の庭土に堆肥などを混ぜて苗を植えつけますが、新しい造成地であったり、それまでバラや草花を植えつけていた場所の場合は、注意が必要です。バラを植えつける場所がそれまでどんな状況だったか、確認しておくとよいでしょう。

長い間、植物が植えられていた土は、土の団粒構造がくずれ水はけが悪くなっていることがあります。新しい造成地や化成肥料を多く使っていた土地では、土の栄養分が不足していたり、過度な塩分が蓄積したりしていることがあります。

そのような場合は、天地返し（➡P110）で植え穴の土を新しくしたり、植え穴に堆肥、腐葉土、ピートモスなどを混ぜ込んで、団粒構造になるように土壌改良する必要があります。

用土の配合例

赤玉土の替わりに鹿沼土《かぬまつち》を使うなど、その地域で産出される用土を使ってもかまいません。夏は有機物を少なくするなど、季節や苗の状態で配合例は変わります。下記の配合例は目安として参考にしてください。

鉢植え

新苗・大苗の基本配合

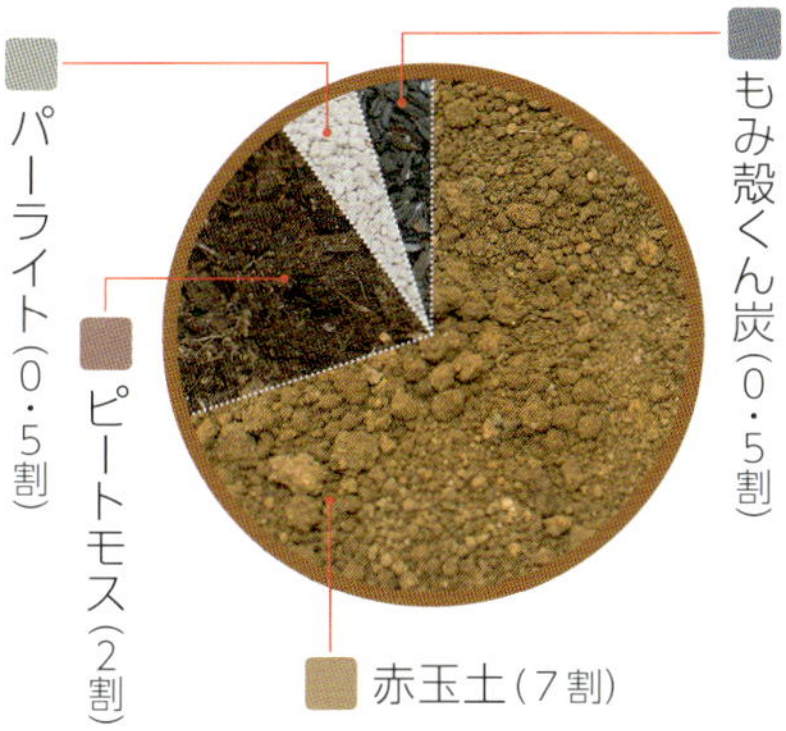

新苗・大苗（夏用の配合）

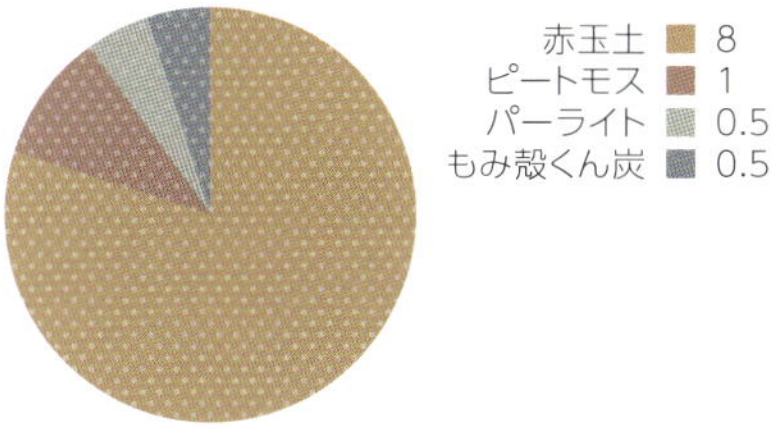

状態のよい大苗の場合

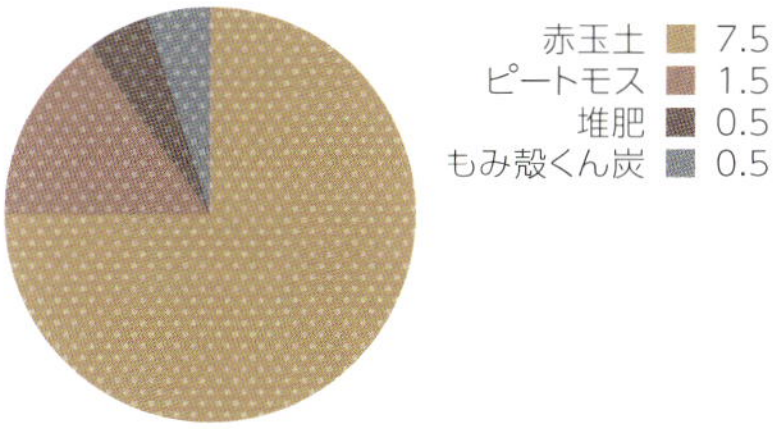

根が劣化している大苗の場合

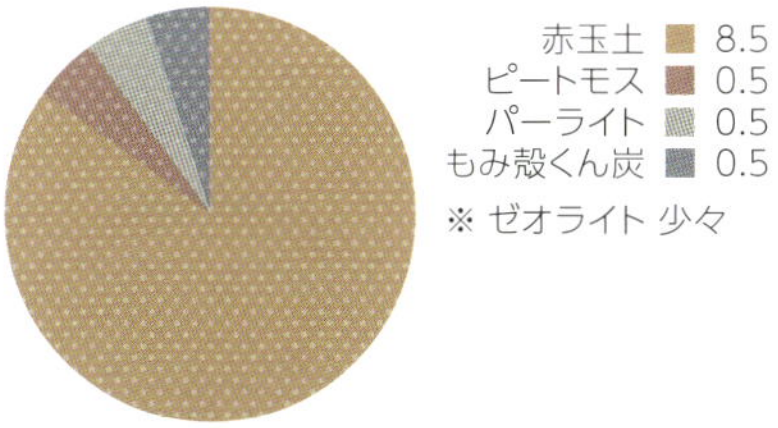

鉢上げ

さし木苗の配合

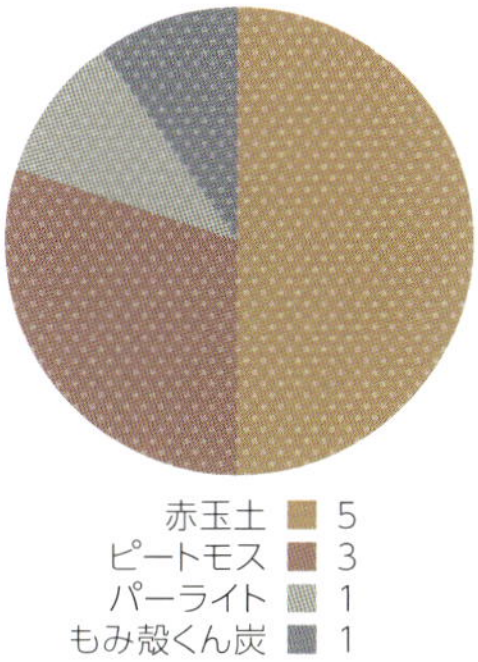

取り木苗の配合

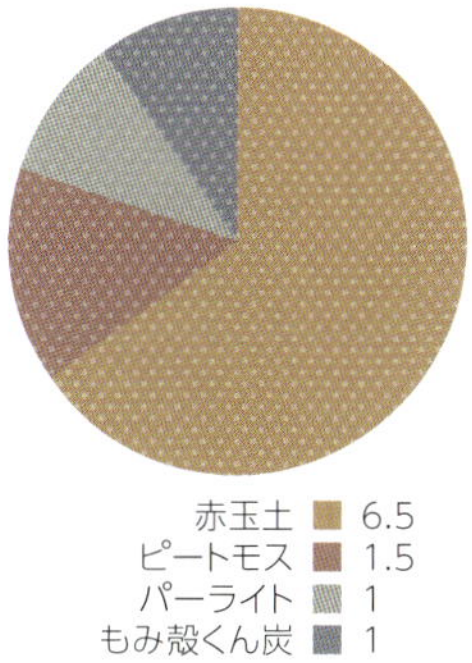

つぎ木苗の配合

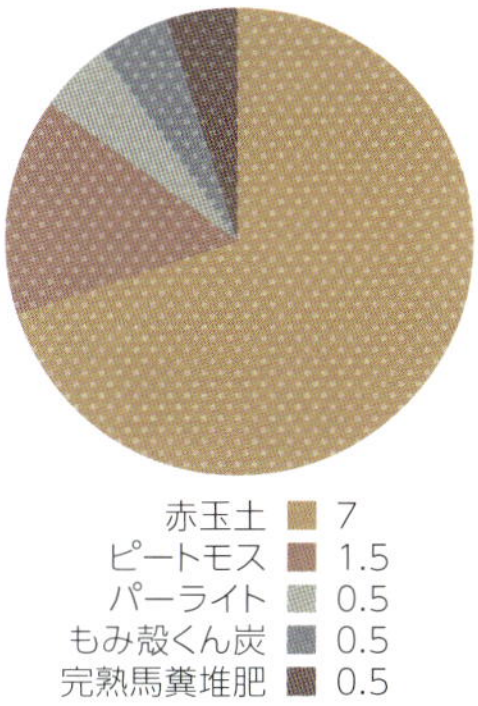

成木の鉢替え

つぎ木株

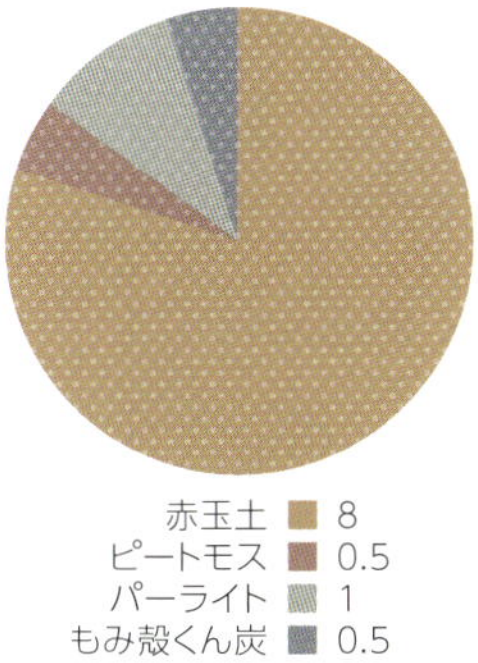

さし木株

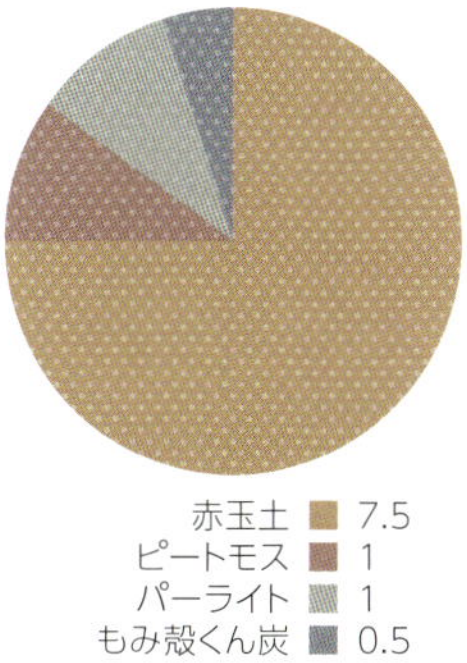

Lesson 1

用土と肥料❷

成長に欠かせない バラのための肥料

バラの生育を助け、よい花を咲かせるためには、適量の肥料を適期に与えることが大切です。肥料の与えすぎは厳禁。肥料の性質や効果などを知って、上手に使いこなせるようになりましょう。

カルディナル ドゥ リシュリュー

肥料のやりすぎは病気のもと

バラは肥料食いだと言われますが、本当でしょうか。一番花のあとにお礼肥《れいごえ》を、夏の剪定前に芽出し肥を、冬は寒肥《かんごえ》をと、何度も肥料を与える栽培法が広がったことで、そんな定説が生まれてしまったようです。

しかし、野生のバラは、肥料なしでも毎年ちゃんと花を咲かせてくれます。そのことからわかるように、バラは、本来それほど肥料を必要としないものなのです。

逆に肥料を与えすぎると、土壌中に保持しきれない肥料分が水に溶けて必要以上にバラに吸収され、さまざまな生育障害を起こします。とくに化学肥料の場合は、土壌の塩分濃度が濃くなりすぎて、根の水分を奪ってしまうこともあります。

お礼肥、芽出し肥は不要です。基本の肥料の与え方を覚えておきましょう。

化学肥料のやりすぎが原因で、乾燥し縁が縮れてしまった葉。

植物に必要な肥料

植物を育てる肥料には、大量に必要とする大量要素、そのつぎに必要となる中量要素、少量だが不足すると困る微量要素があります。大量要素は、チッ素、リン酸、カリ（カリウム）で、これらは肥料の「3大要素」と呼ばれています。中量要素はカルシウム、マグネシウム、硫黄。微量要素は、マンガン、ホウ素、鉄、亜鉛、モリブデン、銅、塩素などです。

必要な量の違いはありますが、どれも植物の生育に不可欠なものです。花がよく咲く丈夫な株を育てるためには、これらの肥料を適宜与えることが大切です。

肥料の3大要素

チッ素

植物の茎や葉、根をつくるために必要な成分で、アミノ酸やタンパク質、葉緑素（クロロフィル）などの材料になるため、植物の成長には欠かせない。

リン酸

「花肥《はなごえ》」「実肥《みごえ》」ともいい、成長点の細胞分裂を促し、花や果実をつくり、根を伸ばすために必要な要素。

カリ（カリウム）

植物の生理作用を活発にして、根や茎を硬くする効果がある。

Point

寒肥には有機肥料を使う

庭植えのバラの肥料は、1年に1回の寒肥だけです。そのときの肥料は、有機肥料（➡P42）にしましょう。有機肥料は効き目がゆっくりで、土の中で時間をかけて分解したあと、根に吸収されていきます。バラの根は2月ごろから活動が始まりますから、12月下旬に有機肥料を施しておくと、バラの成育が始まる2月ごろから穏やかに効き始め、春の開花を手助けしてくれます。

基本の肥料の与え方

庭植え

植えつけ時に元肥《もとごえ》を入れる。その後は毎年1回、冬に寒肥（➡P113）を与えるだけでよい。

サハラ'98

鉢植え

植え替えのあと、芽が1cm出てきたら追肥を与え始める（➡P96）。3月～10月の生育期に月1回与えるが、高温期の8月は控える。

スノー シャワー

バラ栽培は有機肥料を基本にする

肥料には、有機肥料と化学・化成肥料がありますが、バラの栽培には有機肥料がおすすめです。

完熟堆肥や油かすなどの有機肥料は、植物の生育に必要な微量要素を含み、さらに、土壌中の有用微生物を増やしてくれます。効き目がゆるやかで、長い時間をかけてバラを丈夫にしてくれます。

一方、化学・化成肥料には塩類が含まれており、長年使い続けると、葉の縁が縮れて枯れこみ、芽が出ないなどの生育障害を起こす原因となります。ただし、新しい造成地などで土の栄養分がほとんどない場合には、有機肥料だけでは栄養を補えないため、化成肥料が有効です。また、鉢植えの場合は、土がアルカリ性になりやすいのですが、バラに最適な弱酸性にするため、緩効性の化成肥料を追肥として使うことがあります。

肥料はそれぞれの特徴を知り、適切に使うことが大切です。有機肥料も化成肥料も与えすぎることのないようにしましょう。

肥料の種類

名称	特徴
有機肥料（有機質肥料）	動物質・植物質を原料とし、落ち葉や野菜くず、草、稲わら、米ぬか、土、糞尿などを発酵させた肥料。土壌の中で微生物の働きによって、チッ素、リン酸、カリ（カリウム）などを含む成分に分解されます。緩やかに効く肥料です。
無機肥料（無機質肥料）	チッ素、リン酸、カリといった無機物を成分とする肥料のことで、化学的につくられるものと、天然の鉱石からつくられるものがあります。速効性のある肥料です。
化学肥料・化成肥料	化学的に合成したり、天然原料に化学的な加工を施したものが化学肥料。化成肥料は化学肥料の成分が２つ以上含まれた複合肥料のことです。

ツムランド

漢方薬の原料となる数種の生薬から薬用成分を取りのぞいた絞りかすを発酵させた堆肥（微生物農法研究所）。

マグァンプK

粒状の化成肥料。緩効性肥料のため、鉢植えの追肥として利用できる（ハイポネックスジャパン）。

バラマイスター鈴木のとっておきレクチャー

とくにおすすめの有機肥料は完熟馬糞堆肥です

バラの植えつけには馬糞を発酵させた完熟馬糞堆肥を使うのがよいでしょう。馬糞は、堆肥内の炭素と窒素の比率を表す炭素比率が 20 ですが、これは、堆肥として用いるのに理想的な数値です。

牛糞は馬糞に比べて水分が多く、堆肥にする際に水分を吸収させるため、わらやチップを混ぜたり、発酵を促すために微生物を添加している場合があります。また、牛の飼料にはカルシウム分が配合されていたり、牛が塩をなめるために塩分濃度が高くなっていたりすることもあります。

こうした理由からバラの栽培には完熟馬糞堆肥がおすすめです。

バラに適した有機肥料

牛糞《ぎゅうふん》・馬糞堆肥《ばふんたいひ》

植物の成長に必要な微量要素（カルシウム、マグネシウムなど）を含み、土壌改良材として利用されます。

◀完熟馬糞堆肥

腐葉土《ふようど》

落ち葉を重ねて積んだものを１年以上熟成させてつくります。土壌改良材としても広く利用されます。

◀腐葉土

油《あぶら》かす

ナタネや大豆から油をしぼったあとの絞りかすが原料。チッ素が主成分で、リン酸とカリを少量含みます。油かすを発酵させたものが発酵油かすです。

◀油かす

骨粉《こっぷん》

家畜の骨を砕いて約1000℃の高温で燃焼させたもので、有機肥料に不足しがちなリン酸を補うのに効果があります。

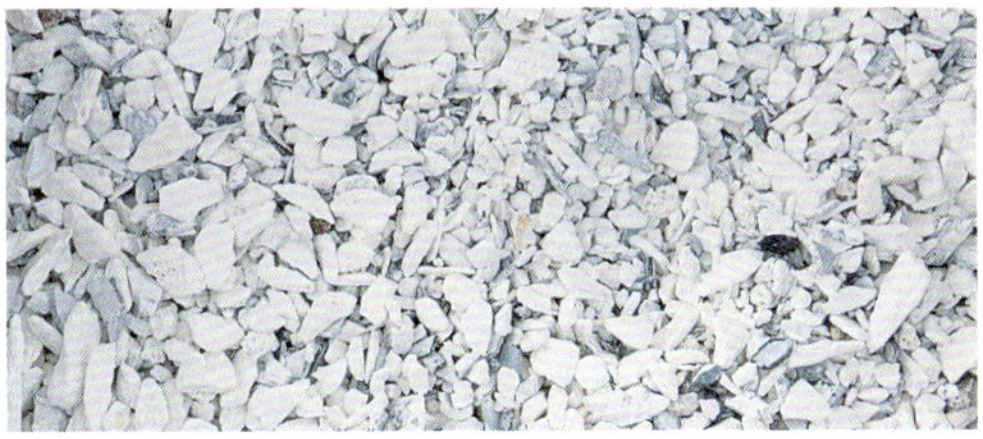

◀焼成骨粉

ぼかし肥《ひ》

油かすや骨粉、鶏糞、米ぬかなどを発酵させた堆肥で、発酵により肥効をおだやかにしてある（ぼかしてある）ため「ぼかし肥」といいます。ぼかし肥は、自分でつくることもできます。

▲100日以上かけて発酵させた「ボカシ万次郎」

Point

熔成《ようせい》リン肥《ぴ》は、ほかの肥料とは別に

熔成リン肥は天然のリン鉱石などをこまかく砕いてから熱を加えてかためた肥料で、ほかの有機肥料に不足しがちなリン酸を補うことができます。リン鉱石は鳥糞石《ちょうふんせき》ともいい、鳥の糞が堆積してできた天然素材で、カルシウム（石灰）、マグネシウム（苦土）なども多く含みます。

根の近くに入れないと効いてこないので、元肥として施すときには、ほかの肥料や堆肥とは別に、より根に近い位置に入れます。

熔成リン肥▶

もっとバラを知る！

バラを育てる台木のはなし

お店などでバラの苗を見ると、株もとのあたりにテープが巻かれていることがあります。よく見てみると、枝に段差があるのもわかると思います。これは、バラ苗を生産する際に、「つぎ木」という方法でつくった苗で、テープはそのつぎ木部分を固定しているものです。

つぎ木とは、バラの木（台木）に別のバラ（穂木）の芽をついで、穂木のバラを殖やす方法です。穂木の芽は、台木の根から水分や養分を吸収し、育っていきます。そのため、ついだ部分（つぎ口）をしっかり密着させ固定するために、専用のテープでグルグル巻きにされるのです。成長にともない、台木と穂木は一体化し、テープも自然に取れていきます。

現在、市販されているバラ苗は、つぎ木苗が一般的です。なかには、台木を用いない「さし木」で生産したさし木苗もありますし、ノイバラやサンショウバラといった野生種は、タネで殖やすこともありますが、一般の園芸品種は、つぎ木苗が主流といえます。

ノイバラの花

台木は、バラの成長を支えるものですが、では、台木にはどんなバラが使われているのでしょうか。

日本は雨が多いため一般に土壌は酸性になりがちです。一方、ヨーロッパや北アメリカではアルカリ性の土壌が多い傾向にあります。

台木は、それぞれの土地に適したものが使われます。日本はノイバラを用いますが、これは日本の野生種を用いることで、酸性土壌でも育ちやすくするため。また、高温多湿の日本の気候に適応しやすいためです。

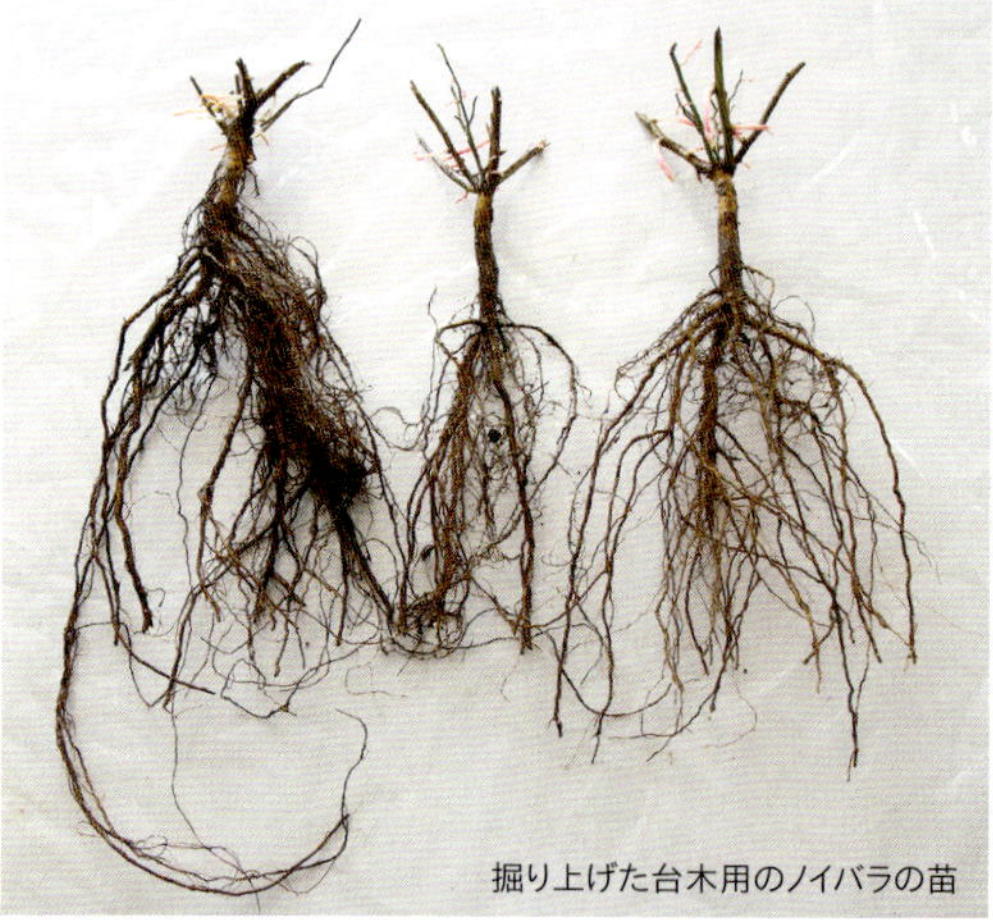
掘り上げた台木用のノイバラの苗

ヨーロッパのつぎ木苗は、ロサ・ラクサ（Rosa laxa）を台木を使うことが多いようです。ヨーロッパの台木は、乾燥地域に原産するため乾燥に強く、耐寒性があります。

アメリカでは、ドクター ヒューイ（Rosa ‘Dr. Huey’）が台木として多く利用されています。ドクター ヒューイは1920年にアメリカでつくられた品種で、黒みがかった赤い花を咲かせます。丈夫ですが、黒星病に弱い傾向があります。

日本では、ノイバラのつぎ木苗のほか、ヨーロッパ、アメリカそれぞれの地域でつぎ木された輸入苗が販売されています。苗を購入するときには、台木の性質も考慮に入れて選ぶことも大切でしょう。

アメリカの苗

Lesson 2

庭のデザインと花のカタログ

Lesson 2

バラのデザイン❶

樹形を生かして楽しみたい バラの仕立て方

花で覆われた華やかな壁やフェンス、優雅なアーチなど、バラは仕立て方によってさまざまな表情を見せてくれます。バラを楽しむ空間にあわせて、さまざまな仕立て方を楽しみましょう。

まずは平面から、慣れてきたら立体に

バラは樹形や枝の太さ硬さもさまざまで、花つきや花の大きさ、花形なども多種多様です。そのため、庭や住まいを飾るためのアイデアが存分に生かせる植物ともいえます。はじめての場合は、木立性のものをそのまま楽しんだり、フェンスなど平面的なものを利用するとよいでしょう。バラの扱いや誘引に慣れてきたら、アーチやパーゴラ、ポールなどを使うと、風景を立体的につくり出すことができます。

構造物にバラを誘引するときには、多くはつるバラが使われますが、大きく育つブッシュタイプやシュラブタイプのバラでもアイデア次第で上手に生かすことができます。バラで覆いたいスペースや仕立て方を考えて、それぞれに適する品種を選ぶことが大切です。

スタンダード仕立て

台木を長く育て、その上部に穂木《ほぎ》をつぎ木してつくるスタイルです。台木の部分が支柱となり、バラの花を高い位置で咲かせたり、花枝を垂らしたり、足もとに別の草花を配したりして、庭や花壇を立体的に演出することができます。

適した種類 つぎ木した部分がすぐに枯れ込まず、きれいに見える品種。ピース、うらら、プチ トリアノン、ボレロ、エリナ、ジャスト ジョイ、カフェラテ、笑み など

いろは

ブラン ピエール ドゥ ロンサール

フェンス（ラティス）仕立て

フェンスやラティスは枝を横に倒して誘引するので、ほとんどの品種が利用できます。フェンスが長い場合には数品種をバランスよく配してもよいでしょう。フェンスに手がかりがないときには針金などを張って誘引します。道路沿いの場合は、伸びた枝が歩行者のじゃまにならないように注意します。

適した種類　道路沿いなら香りのよい品種、枝を横に曲げると花をよくつける品種など

グランドカバー仕立て

地面や芝生に枝を広げて誘引する方法です。枝が自立せず、小さい花がたくさんつくタイプが向いています。

適した種類　樹高の低い品種、ほふく性のある小輪房咲きタイプ、耐病性のある品種など

壁面仕立て

建物の壁に沿わせるスタイルです。ひんぱんにシュートを更新する品種は、たびたび誘引をやり直す必要があり手間がかかるので、避けましょう。花がうつむきがちに咲くもの、花茎が長く枝が垂れる品種など、花が咲く位置を考慮して使い分けるのがおすすめです。枝を固定するために、壁にビスを打ったり、針金などを設置する必要があります。

適した種類　シュート更新しにくい品種

ポール仕立て オベリスク仕立て

枝をポールや行灯《あんどん》状のオベリスクに巻きつけて誘引するので、せまい場所で多品種を栽培するのに適しています。シンボルツリーの代わりやフォーカルポイントに用いてもよいでしょう。

ロブスタ

適した種類　枝が細めで柔軟な品種、株もとから花をよくつける品種など

トレリス仕立て

トレリスは格子垣《こうしがき》のことで、大型のものから鉢植えに使うコンパクトなものまでサイズが豊富です。いくつか並べてフェンスや目隠しのように使ったり、庭の中心においてフォーカルポイントにしたりと、いろいろな使い方ができます。

鉢植えのトレリスに誘引した状態

適した種類　花茎が短い品種、つる性ミニバラ、短めに剪定しても花をよく咲かせる品種など

ベッド仕立て

高さ50～60㎝のベッド状の棚にバラを誘引する仕立て方で、枝を水平に誘引するので、ほとんどの品種で花つきがよくなります。花茎が長くて垂れるものやうつむいて咲く品種は、花が見えにくくなるので注意しましょう。

適した種類　シュラブ・ローズ、枝を横に曲げると花をよくつける品種など

ローブリッター

アーチ仕立て

花つきをよくするようにS字に曲げたりして誘引するので、枝がやわらかい品種の方が誘引しやすいでしょう。株もとから花をつける品種にすれば、アーチの下のほうも華やかになります。小型のアーチでは花茎が長い品種だと歩くときのじゃまになったり、伸長力が旺盛な品種だと収まりきらなかったりすることがあります。

適した種類 枝が柔軟な品種、株もとから花をつける品種、シュラブタイプ、オールド・ローズなど

つるサラバンド

パーゴラ仕立て ルーフ仕立て

庭や軒先に備えたパーゴラ（つる棚）や、カーポートなどのルーフ（屋根）は、上向きに咲く品種で覆ってしまうと花が見えなくなることがあります。花を楽しむには、花茎が長く伸び花が垂れて咲く品種を選んだり、屋根の周囲に多く枝を誘引するなどの工夫が必要です。

リージャン ロード クライマー

適した種類 伸長力のある品種、花茎が長く花が垂れ下がる品種など

花壇に囲まれ庭全体が見渡せるタイル敷きの場所は、ガーデンテーブルと椅子の定位置に。

パーゴラやフェンスに沿わせるつるバラは、複数の品種を組み合わせるのもおすすめ。花色の選び方で、華やかになったりシックになったり、庭の印象も変わってくる。

Lesson 2

バラのデザイン❷

憧れの庭をつくる バラ庭のデザイン

バラ栽培を始めると、庭のデザインも気になることでしょう。空間がせまいからといって庭づくりをあきらめることはありません。スペースにあわせたデザインルールを知り、憧れの庭を完成させましょう。

基本のルールと広さにあわせたルール

上手にバラ庭のデザインをするには、大きく2つのポイントがあります。ひとつは、基本的なデザインのルールを知ることです。コンセプトを決める⇩バラの素晴らしさを表現する⇩周囲に溶け込むデザインにする⇩フォーカルポイントをつくる。これら4つの手順はベランダや庭の大きさにかかわらず必要なデザインのルールとなります。

もうひとつは、スペース(広さ)にあわせたデザインのルールです。マンションのベランダと、一軒家の庭では、設置するガーデン器具やオブジェも変わりますし、品種の選び方も当然異なります。52ページから、庭のタイプを「ベランダ」「小さな庭」「大きな庭」にわけ、デザインのヒントを解説します。

バラ庭をデザインする手順

手順❶ 最初にコンセプトを決める

「バラ庭をつくろう！」と思いたったら、最初に必ずコンセプトをしっかり決めてください。むずかしく考えず「赤いバラのベランダをつくりたい」、「バラを眺めながら家族とランチを楽しみたい」、「通りを歩く人の心を癒したい」…など。デザインの前にコンセプトを決めておくことが重要です。

手順❷ バラの素晴らしさを表現

つぎにバラ庭のデザインを始めますが、注意したいのは、せっかくのバラ庭ですから「バラを生かし、表現する」こと。ひとつのバラにこだわるのではなく、数種類をバランスよく配置することで「バラ庭らしさ」を出しましょう。そのためには開花時期の調整、バラ選びがポイントです。

手順❸ 周囲に溶け込むデザインを

デザインをしていると、ついバラ選びのことばかりに気を取られがち。しかし、窓の形や部屋からの景観、家屋の材質・色彩、家やアプローチとの位置、隣地との位置関係など、「建物を含めて庭を考えること」も大事にします。建物や景観に溶け込むようなバラ庭づくりを目指しましょう。

手順❹ フォーカルポイントをつくる

庭に立体的なアクセントをつけ、奥行きを感じさせる「フォーカルポイント」をつくります。フォーカルポイントをつくることはむずかしくありません。ある程度の高さがあり、そこに存在するだけで目立つものを設置するだけでOKです。オベリスクやポール、大きめのオブジェなど、好きなものを選びます。

バラマイスター鈴木のとっておきレクチャー

バラ栽培の基本をふまえてこそ思い通りのデザインができます

バラ庭をデザインするのはとても楽しく、心が踊ります。しかし、バラづくりの基本を忘れないようにしてください。

1 建物と庭の位置関係、方位・日照条件、風通し、水はけなどをチェックする。

2 花の色・大きさ、開花時期、葉の大きさや雰囲気などを考慮して品種選びをする。

3 日々の手入れや病気対策はどれくらい時間をかけられるのかなども考えて、株数や種類を検討する。

そして、何といっても「土づくり」を大切に、バラ庭デザインを始めましょう。

ベランダのデザイン

ベランダやテラスでも小さなバラ庭をつくって楽しむことができます。面積が小さいとシンプルにしかできないと思いがちですが、トレリスやオベリスクの使い方を工夫することで見栄えのよい空間ができあがります。ベランダ栽培のポイントも押さえておきましょう（➡P100）。

DESIGN - 01

三角形や台形で大きくないベランダ

鉢を床に置くよりも、トレリスへのハンギングを利用して高い位置にバラを設置。室内からの目線にあわせたベランダのデザインを考えます。

レンガで半円に囲った中にバラの鉢を置いていきます。せまいながらも空間にアクセントをつけることができ、華やかさが増します。センターの鉢にオベリスクをさすなどして高さを出し、立体的に見えるようにします。

直立性の品種を用いて、空間に高さを出します。

小さな空間でも芝生パネルなどを敷くことで、ベランダの雰囲気が一変します。

DESIGN - 02

一方から強い日が差し込むゆったりしたベランダ

前後で高さの違う台の上にプランターを並べることで、バラにボリューム感を持たせます。

プランターつきのトレリスにキャスターをつけ、可動式にしておくと便利です。小さめに管理できるミニバラなら移動もしやすいでしょう。つる性のミニバラをトレリスに誘引し、室外機などを隠すこともできます。

大きさ・高さの違うテラコッタの鉢をいくつか配置し、空間に立体感を持たせます。一番大きな鉢にはオベリスクをさしてアクセントをつけます。

トレリスにつるバラを誘引します。夏はトレリスが日よけにもなります。

ウッドパネルを敷いて、バラの色を引き立てます。

DESIGN - 03

見どころが2つできる L字型のベランダ

キッチンからつながるガーデンテーブルのエリアには、トレリスにつるバラを誘引し、テーブル回りの雰囲気を華やかにします。

鉢を置くスペースが限られている場合は、トレリスにハンギングを多用します。物干し台の目隠しにもなります。

コンクリートむき出しの床は、日射しが照りつけ乾燥の原因にもなります。芝生パネルやウッドパネルを敷いて緩和させましょう。ナチュラルな雰囲気も演出できます。

コーナーの鉢にはオベリスクをさしてつるバラを誘引したり、直立性の品種で高さを出すと、ベランダのアクセントになります。

アンティーク調の木製机や棚はバラ庭との相性が抜群です。上にはミニバラの鉢やオブジェを置き、立体感を強めます。

コンテナの寄せ植えで華やかさやボリューム感を出します。植えるバラの高さを変えて、より立体的にしていきます。

DESIGN - 04

一般的な小規模ベランダ

段差のある台に鉢を置き、高低差で立体感を出します。同じ系統の色のバラで微妙なグラデーションを楽しんだり、花の大きさの違いなどで変化を楽しみましょう。

たくさんの鉢を置くスペースがないベランダは、大きめの株をひとつ置くだけで華やかになります。プランターのデザインで好みの雰囲気を出しましょう。

Point

集合住宅は最初に管理規約を確認

- バルコニーが共用部分の場合もあり、大型のトレリス等が設置できないことも。
- 避難通路をふさいだり、配水管を土で詰まらせないようにする。
- ハンギングの鉢や水が階下のベランダや道路に落ちないようにする。
- 部屋の中にいて、座った位置から美しく見えるデザインにする。

Point

形や色の統一で品をプラス

- 枝がやわらかく、葉がやさしい感じの品種を選ぶと、庭全体が温かい雰囲気に。
- 小さな庭はとくにメリハリのあるデザインにすると見栄えがよくなる。
- 多数のバラを選ぶより、ある程度色の統一をしたほうが品のよい庭になる。

小さな庭のデザイン

小さなバラ庭では構造物との一体感を表現できる、つるバラの使いこなしが最大のポイントです。また、オベリスクやオブジェで高低差を出すことで、より広がりをもった立体的な庭を演出することができます。

DESIGN - 01

明るく、やわらかな色に満ちた小庭

ポールや背の高いオベリスクなどを活用し、景観が単調にならないようにします。
アンティーク調のテラコッタなど、庭の雰囲気にあわせた大きなオブジェを設置し、フォーカルポイントをつくりましょう。まわりを囲む鉢植えのバラは、一部にオベリスクを立てて使うなど高低差を出します。
パーゴラから窓辺にバラを誘引し、庭と建物の一体感を出します。同時に空間の奥行きも感じさせます。パーゴラの下にはテーブルとチェアを配置し、最盛期のバラの香りをより楽しめるようにします。

DESIGN - 02

鉢づかいで景観に変化をつけた小庭

日当たりがよすぎるところや、隠したいところはラティスを活用します。ラティスに鉢をハンギングすると鉢植えを置くよりも目線が上がり、景観に高さと広がりが出ます。

ヨーロピアンなオブジェや大きなオベリスクなどを設置し、フォーカルポイントをしっかりとつくります。オブジェの代わりに、大きなバラの木なども存在感が出ます。

レンガで囲った花壇の中に鉢植えを多数配置します。大きいテラコッタなどの鉢をアクセントにすると雰囲気が変わります。それぞれの鉢はバラの高さを変えて、景観に変化をつけます。

DESIGN - 03

つるバラの色数を抑えたロマンチックな小庭

オベリスクを立ててつるバラを誘引し、足もとは草花でカバーします。オベリスクが隣家との目隠しになり、庭に立体感が出ます。

道路に面した側はフェンスにつるバラを誘引します。庭への入り口には小さめのアーチを立て、フェンスとのつながりを出します。

玄関脇にはコンテナを置き、高さの違う数種類のバラを植えます。景観がシンプルになりすぎないよう、少し色味をつけるのもよいでしょう。

建物の壁面や窓辺にバラを沿わせて、建物と庭の一体感を生み出します。

大きな庭のデザイン

大きなバラ庭ではベンチとチェア、パーゴラやアーチ、オベリスクやポールを配置することになります。これらの配置を最初に決めることが大きなポイントです。ステージやガーデンテラスも景観を引き立てます。

Point

大きなモノから決めていくのがコツ

- フォーカルポイントを円形にするか四角にするか…など、一番大きなポイントの形を決めて、デザインを進める。
- バラ庭を代表するアイテム・アーチを設置して、心躍る雰囲気の演出を。
- オブジェはシンプルなほうがバラに合う。

DESIGN - 01

小道に沿って随所に見所をつくった大きなバラ庭

大きな庭では、レンガや石畳の小道づくりに挑戦してみましょう。小道をつくる素材や色の選び方、配置の仕方が庭の雰囲気を大きく左右します。

ウッディなステージをつくり、テーブルとチェアを設置。庭全体を眺められる場所をくつろぎのスペースとして利用します。ステージの壁はラティスにつるバラを巻くと、バラのほのかな香りを楽しめます。

アーチは庭の大きさに合ったものを求めることが重要です。大きさがアンバランスなアーチは、せっかくつくる庭の景観を損ねてしまうこともあります。倒れないようにしっかりと固定してください。

レンガ使いの半円花壇にアンティークオブジェなどを設置し、フォーカルポイントをつくります。見る人の目線を高くすることで、庭によりワイド感を出していきます。

大きな鉢を、花壇の中に設置すると高さに変化がつきます。鉢の中にオベリスクをさして高低差を出すと、さらに見栄えがします。

窓辺につるバラをはわせ、庭と建物の一体感を生み出します。

プランター使いの工夫で景観が変わることもあります。庭の雰囲気にあわせたプランターの素材や色を選びます。なかには数種類のバラを植え、高さや色に変化を出していきます。

DESIGN - 02

外を歩く人も楽しめる大きなバラ庭

バラを誘引したラティスで高さを出し、空間を仕切ります。日よけ、風よけとしても重宝します。

左右対称のデザインにできところは、背の高いバラの鉢植えを両側に置きます。高低差が出るとともに、バランスのよさがもたらされます。

２種類のバラでパーゴラをつくると、立体的な景観が望めます。パーゴラの下には、庭を見渡せるベンチを設置するのもおすすめです。

小道に使うレンガや石の色や質感によって、庭の雰囲気は大きく変わります。素材選びが重要です。

円形のステージをつくることで、庭に立体感と豪華な印象をプラスします。アンティーク調の大きなオブジェなどをセンターに配置すると引き締まります。

道路側のフェンスには、香りの高い品種を選ぶと、歩く人に見た目と香りを楽しんでもらうことができます。背の高い品種なら敷地の目隠しにもなります。

Lesson 2

花を選ぶ❶

タイプ別に選べる バラの花カタログ

バラの花をカテゴリーに分けて紹介しています。住んでいる地域や植える場所など、育てる環境にあわせて選びましょう。さらに、マークとデータから、どんなタイプのバラなのかが一目でわかります。

6つのカテゴリー

よりその傾向が強いカテゴリーで紹介しています。

庭植え向き	鉢植え向き	寒さに強い	暑さに強い	日陰に強い	病気に強い
P72	P68	P66	P64	P62	P58

マークの見方

病気	黒	……黒星病に強い
	う	……うどんこ病に強い
寒暖環境	暑	……暑さに強い
	寒	……寒さに強い
	陰	……日陰に強い
植えつけ環境	鉢	……鉢植え向き
	庭	……庭植え向き
開花時期	四季咲	……四季咲き
	返り咲	……返り咲き
	一季咲	……一季咲き
芳香の強さ	強香	……香りが強い
	中香	……香りが中位
	微香	……微細な香り

データの見方

〈系統〉……バラのグループを示したもの
〈花色〉……花びらの色
〈花形〉……花びらのつき方、花の咲き方
〈花径〉……花の直径
〈樹形〉……株全体の外形
〈樹高〉……成木した際の高さ
〈受賞〉……主な受賞コンクール

系統の略字

F：フロリバンダ・ローズ
HT：ハイブリッド・ティー・ローズ
CL：クライミング・ローズ（つるバラ）
S：シュラブ・ローズ
Min：ミニチュア・ローズ
ER：イングリッシュ・ローズ

コンクールの略字

AARS：オール・アメリカ・ローズ・セレクション
ADR：ドイツ国際コンクール
BADEN：バーデンバーデン国際コンクール
BAGATELLE：バガテルバラ新品種国際コンクール
ECHIGO：国際香りのばら新品種コンクール
GIFU：ぎふ国際ローズコンテスト
JRC：日本国際ばら新品種コンクール
LYON：リヨン国際コンクール
MONZA：モンツァ国際コンクール
HAGUE：ハーグ国際コンクール
RNRS：英国ばら会賞
ROME：ローマ国際コンクール
WFRS：世界ばら連盟

病気に強い

バラのかかりやすい代表的な病気には、黒星病とうどんこ病があります。近年は耐病性のある品種が毎年発表されていますが、ここでは、ふたつの病気により強い品種を集めました。病気に強いバラは、初心者にも扱いやすい品種といえます。

枝がやわらかく、暑さに非常に強い。芳香性も高く、さまざまなコンクールでの受賞歴あり。

黒 う 暑 陰 庭 四季咲 強香

枝は細くしなやかで、花をたくさんつける修景バラ。低いフェンスなどにおすすめ。

黒 う 暑 寒 陰 鉢 庭 四季咲 微香

サマーモルゲン
— Sommermorgen —

系統	S
花色	ソフトピンク
花形	丸弁平咲き
花径	5～6.5 ㎝
樹形	半つる性
樹高	60～80 ㎝
受賞	RNRS

シュートの発生が多く害虫もつきにくい品種。こぼれるように花が咲き、誘引もできる。

黒 う 暑 寒 鉢 庭 四季咲 微香

ボレロ
— Bolero —

系統	F
花色	純白から淡いピンク
花形	ロゼット咲き
花径	10 ㎝
樹形	半横張り性
樹高	80 ㎝

コンパクトな樹形なので、鉢植えでも管理しやすい。香り高い花を秋にもよくつける人気品種。

黒 う 暑 寒 鉢 庭 四季咲 強香

ノック アウト
— Knock Out —

系統	F
花色	ローズピンク
花形	半八重咲き
花径	7～8 ㎝
樹形	横張り性
樹高	90～120 ㎝
受賞	AARS/ADR ほか

薬剤散布がなくても病気になりにくく、花も途切れなく咲く。手間のかからない品種。

黒 う 暑 寒 陰 鉢 庭 四季咲 微香

ガーデン オブ ローゼス
— Garden of Roses —

系統	F
花色	淡い杏色～クリームピンク
花形	ロゼット咲き
花径	7 ㎝
樹形	半横張り性
樹高	100 ㎝
受賞	ADR ほか

コンパクトな樹形で鉢植えにもおすすめ。秋の花つきもよい。花色の微妙な変化も魅力。

黒 う 暑 寒 鉢 庭 四季咲 中香

ビブ ラ マリエ!
— Vive la Mariée! —

系統	HT
花色	クリーム白
花形	丸弁抱え咲き
花径	12～14 ㎝
樹形	半直立性
樹高	160 ㎝
受賞	RNRS/ROME ほか

冬の寒さで枝に黒斑点ができるが問題はない。フルーティーな香りで数多くの芳香賞を受賞。

黒 う 暑 寒 庭 四季咲 強香

フロレンティーナ
— Florentina —

系統	CL
花色	濃い赤
花形	丸弁カップ咲き
花径	7～9 ㎝
樹形	つる性
樹高	200～250 ㎝
受賞	JRC ほか

枝を曲げて誘引しなくても株もとから花がよく咲く。古い枝も花をつけるタイプ。

黒 う 暑 寒 鉢 庭 返り咲 微香

ポンポネッラ
— Pomponella —

系統	CL
花色	濃い桃色
花形	カップ咲き
花径	4 cm
樹形	つる性
樹高	200 cm
受賞	ADR

10～15輪の房咲きで、くり返し開花する。深い照り葉にピンクが引き立ち、アーチにおすすめ。 黒 う 暑 寒 庭 四季咲 微香

ノヴァーリス
— Novalis —

系統	F
花色	ラベンダー
花形	カップ咲き
花径	9 cm
樹形	直立性
樹高	120～150 cm
受賞	ADR

青バラ系のなかではもっとも強健。日陰にも強く、株もしっかりと育ち、花も咲きやすい。 黒 う 暑 寒 陰 鉢 庭 四季咲 微香

ウーメロ
— Umilo —

系統	S
花色	杏色から淡い桃色
花形	波状弁抱え咲き
花径	7～8 cm
樹形	半つる性
樹高	150～200 cm
受賞	HAGUE

太く長いシュートが出やすいが、短く剪定してコンパクトに育ててもよい。スパイシーな香りを持つ。 黒 う 寒 鉢 庭 四季咲 中香

マイナーフェアー
— Mainaufeuer —

系統	S
花色	赤
花形	丸弁平咲きの八重咲き
花径	6.5～7.5 cm
樹形	つる性
樹高	120 cm
受賞	JRC

乾燥に強い修景バラ。ひと株にたくさんの花をつけ、プランターや低いフェンスなどにおすすめ。 黒 う 暑 寒 鉢 庭 四季咲 微香

ウェディング ベルズ
— Wedding Bells —

系統	HT
花色	淡いピンク ふちに色のり
花形	丸弁高芯咲き 外弁剣弁咲き
花径	13～15 cm
樹形	半横張り性
樹高	120～150 cm

花びらが強いため、雨に濡れても花が傷みにくい。剪定は高めの位置で。ブラインドしやすい品種。 黒 う 暑 寒 庭 四季咲 中香

アンドレ グランディエ
— André Grandier —

系統	HT
花色	ライトイエロー
花形	丸弁平咲き
花径	10 cm
樹形	半横張り性
樹高	150 cm
受賞	AARS ほか

黄バラにはめずらしく黒星病に強い品種。ライトイエローの花色はふちに近づくにつれ白っぽくなる。 黒 う 庭 四季咲 微香

ホワイト メイディランド
― White Meidiland ―

系統	S
花色	純白
花形	ポンポン咲き
花径	7cm
樹形	半つる性
樹高	60〜100cm

短く剪定してもよく花をつけるため、低い位置でこんもりと育てることができる。

黒　う　暑　寒　鉢　庭　四季咲　微香

ロザリー ラ モリエール
― Rosalie Lamorlière ―

系統	F
花色	桜ピンク
花形	ロゼット咲き
花径	5〜6cm
樹形	半横張り性
樹高	80〜100cm
受賞	LYON ほか

花弁が多くブーケのように房咲きになる。コンパクトな樹形で鉢植えや花壇向きの品種。

黒　う　暑　寒　鉢　庭　四季咲　微香

プリンセス シャルレーヌ ドゥ モナコ
― Princesse Charlene de Monaco ―

系統	HT
花色	杏ピンク
花形	波状弁抱え咲き
花径	11cm
樹形	直立性
樹高	160cm
受賞	ジュネーブ ほか

オークルの入ったピンク色にフリル状の花弁が華やか。寒さには非常に強く、香りもよい。

黒　う　暑　寒　鉢　庭　四季咲　強香

ジークフリート
― Siegfried ―

系統	F
花色	濃い赤から
花形	抱え咲き→ロゼット咲き
花径	10cm
樹形	半直立性
樹高	150cm

ひと枝にもちのよい花を1〜5輪つけ、まとまりある株に育つ。日陰にも強い。花色はマットな赤。

黒　う　暑　寒　鉢　庭　四季咲　微香

カインダ ブルー
― Kinda Blue ―

系統	HT
花色	ラベンダー
花形	丸弁咲き
花径	10cm
樹形	半直立性
樹高	150cm

ブルー系の中でも非常に色が濃く、シュート更新しにくいタイプでがっちりとした株に育つ。

黒　う　暑　寒　鉢　庭　四季咲　微香

コスモス
― KOSMOS ―

系統	F
花色	クリムホワイトで中心が淡い杏色
花形	丸弁高芯咲
花径	8〜12cm
樹形	横張り性
樹高	150cm
受賞	ADR

少し暑さが苦手だが、病気には強い。枝がしなやかで、夏期涼しい所ではシュラブ状になる。

黒　う　暑　寒　鉢　庭　四季咲　中香

日陰に強い

バラは日当たりを好みますが、日当たりが十分でない場所には、耐陰性のある品種を選びましょう。病気に強い品種は、日陰にも強い傾向があります。日陰では、風通しと水はけのよさは必ず確保するようにしましょう。

アプリコット キャンディ
— Apricot Candy —

系統	HT
花色	杏色
花形	半剣弁高芯咲き
花径	8 ㎝
樹形	半直立性
樹高	120 ～ 150 ㎝
受賞	ローズヒルズ INT

耐病性があり、暑さにも強い。花首がしっかりしていて、花が開くにつれ花弁が波打つ。

黒 う 暑 寒 陰 庭 四季咲 中香

スーリール ドゥ モナリザ
— Sourire de Mona Lisa —

系統	S
花色	スカーレット赤
花形	丸弁カップ咲き
花径	9 ㎝
樹形	半横張り性
樹高	120 ～ 150 ㎝
受賞	ADR

冬の剪定で枝を短めに切っても、花がよく咲く。プランターなどに仕立てるのもよい。

黒 う 暑 寒 陰 鉢 庭 四季咲 微香

ブラン ピエール ドゥ ロンサール
— Blanc Pierre de Ronsard —

系統	CL
花色	クリームホワイトで中心が淡いピンクから白
花形	ロゼット咲き
花径	9 ～ 12 ㎝
樹形	つる性
樹高	300 ㎝

花つき、花もちがよく、短く剪定しても咲く。枝を横に誘引するとより花つきがよくなる。

う 暑 寒 陰 庭 返り咲 微香

マイ ガーデン
— My Garden —

系統	HT
花色	パールピンク
花形	丸弁抱咲き
花径	13 ～ 14 ㎝
樹形	半直立性
樹高	120 ～ 150 ㎝
受賞	ADR/AARS ほか

生育が旺盛で、寒さにも強いため北海道でも栽培が可能。ダマスク系の豊かな香りを持つ。

黒 う 暑 寒 陰 庭 四季咲 強香

レディ オブ シャーロット
— Lady of Shalott —

系統	ER
花色	表弁オレンジ 裏弁ゴールド
花形	カップ咲き
花径	8 ㎝
樹形	半横張り性
樹高	130 ㎝

イングリッシュローズの中では抜群の耐病性がある。スパイシーでさわやかなティー系の香りを持つ。

陰 鉢 庭 四季咲 中香

サマー メモリーズ

— Summer Memories —

系統	CL
花色	クリームホワイト
花形	ロゼット咲き
花径	7～9㎝
樹形	つる性
樹高	200㎝
受賞	ROMEほか

株元から花がつくので、アーチやポールも華やかにできる。短く剪定しても花がよく咲く。

黒 暑 寒 陰 庭 四季咲 微香

ペレニアル ブルー

— Perenial Blue —

系統	CL
花色	赤紫で、中心が白から淡いピンク
花形	丸弁平咲き
花径	2～3㎝
樹形	つる性
樹高	150～300㎝
受賞	BADEN

冬剪定で短く切ってもよく咲き、成木になり株が充実すると秋も開花する。ダニには注意。

黒 う 暑 陰 鉢 庭 返り咲 中香

ピンク サマー スノー

— Pink Summer Snow —

系統	CL
花色	ピンク
花形	波状咲き
花径	5～6㎝
樹形	つる性
樹高	200～300㎝

トゲがほとんどなく、フリルのような花びらが愛らしい。「春がすみ」の別名でも流通している。

暑 寒 陰 鉢 庭 一季咲 微香

マチルダ

— Matilda —

系統	F
花色	クリームホワイトに淡いピンクのぼかし
花形	丸弁平咲き
花径	5～6㎝
樹形	横張り性
樹高	80～90㎝
受賞	BAGATELLEほか

コンパクトに管理できるので、鉢植えにも向く強健種。秋は春よりもピンクが強くなる。

暑 寒 陰 鉢 庭 四季咲 微香

ルージュ ピエール ドゥ ロンサール

— Rouge Pierre de Ronsard —

系統	CL
花色	クリムゾンレッド
花形	ロゼット咲き
花径	10㎝
樹形	つる性
樹高	180～200㎝

病気に強く、冬剪定で短く切りつめても花つきがよいため、鉢栽培も可。ダマスク系の香り。

暑 寒 陰 鉢 庭 四季咲 強香

ピエール ドゥ ロンサール

— Pierre de Ronsard —

系統	CL
花色	緑を帯びた白で中心が淡いピンク
花形	カップ咲き
花径	9～12㎝
樹形	つる性
樹高	300㎝
受賞	WFRS

短く剪定しても花をよく咲かせるが、シュート更新しにくいタイプなので古い枝は残す。

暑 寒 陰 庭 返り咲 微香

暑さに強い

バラは寒さよりも暑さに弱く、気温が高くなりすぎると、生育にも影響が出てきます。とくに日本の高温多湿の夏は、バラにとっては過酷な環境といえるでしょう。暑さに強い品種は、真夏でも新芽をつけ花を咲かせてくれます。

アクロポリス ロマンティカ

— Acropolis Romantica —

系統	F
花色	白地に明るいピンクの覆輪
花形	カップ咲き
花径	5㎝
樹形	直立性
樹高	160㎝

若い枝は、細めだが樹勢がよく、成長した枝はつるバラにもなる。花が開くにつれ花弁が白っぽく変わる。

暑 庭 四季咲 微香

笑み

— Emi —

系統	F
花色	杏色からグレーピンク
花形	半剣弁高芯〜ロゼット咲き
花径	9〜10㎝
樹形	半直立性
樹高	70〜100㎝

花色、花形とも微妙な変化が楽しめる。コンパクトに管理できるので鉢植えにもおすすめ。

暑 鉢 庭 四季咲 微香

ケアフリー ワンダー

— Carefree Wonder —

系統	F/S
花色	濃い桃色に裏弁が白
花形	丸弁平咲き
花径	6.5㎝
樹形	半直立性
樹高	80〜120㎝
受賞	AARS

手間がかからず、プランターにもおすすめ。剪定を高めにすると、花つきがさらによくなる。

黒 暑 寒 鉢 庭 四季咲 微香

ホーム&ガーデン

— Home & Garden —

系統	S
花色	桃色
花形	ロゼット咲き
花径	6〜7㎝
樹形	横張り性
樹高	60〜100㎝

病気に強く、5〜10輪の房状によく花をつける。高めの剪定で、つるバラのような仕立てもできる。

黒 う 暑 寒 庭 四季咲 微香

伊豆の踊子

— Dancing Girl of Izu —

系統	F
花色	黄色
花形	半剣弁咲き〜ロゼット咲き
花径	9㎝
樹形	直立性
樹高	130〜160㎝

黄バラとしては貴重な遅咲き種。乾燥に強く、晩秋まで咲き続ける。香りもよい。

暑 寒 庭 四季咲 中香

ロマンティック アンティーク
— Romantic Antike —

系統	HT
花色	杏ピンク
花形	半剣弁ロゼット咲き
花径	10～12㎝
樹形	直立性
樹高	150㎝

切り花としても人気のある「キャラメルアンティーク」の枝変わりで色が異なる。鉢植えにも向く。

暑 陰 鉢 庭 四季咲 中香

ヘンリー フォンダ
— Henry Fonda —

系統	HT
花色	深い黄色
花形	剣弁高芯咲き
花径	12㎝
樹形	直立性
樹高	120㎝

黄色としてはもっとも丈夫で完成された品種。早咲きで、褪色が少ない矮性。

暑 鉢 庭 四季咲 微香

ユリイカ
— Eureka —

系統	F
花色	オレンジから淡い黄色
花形	波状弁咲き
花径	9～12㎝
樹形	横張り性
樹高	100～120㎝
受賞	AARS

樹勢がよく、つぎつぎと枝を出し、たくさんの花をつける。鉢植えにも向く強健種。

う 暑 寒 鉢 庭 四季咲 中香

黒蝶
— Kurocho —

系統	F
花色	黒赤
花形	ロゼット咲き
花径	8～10㎝
樹形	横張り性
樹高	70～100㎝
受賞	JRC

日焼けで花びらが縮むことが少なく、花形もくずれにくいため、美しい姿が長もちする。

暑 鉢 庭 四季咲 微香

シークレット パフューム
— Secret Perfume —

系統	HT
花色	淡い紫
花形	半剣弁高芯咲き
花径	12～13㎝
樹形	直立性
樹高	120～150㎝

冬剪定を短かめにしても、春から秋口まで花をたくさん咲かせる。甘いレモンのような香り。

暑 寒 庭 四季咲 強香

フレグラント アプリコット
— Fregrant Apricot —

系統	F
花色	アプリコット色
花形	剣弁高芯咲き
花径	10㎝
樹形	半直立性
樹高	100～150㎝

波打った花びらで、夏は色が鮮やかになる。鉢植えにも向いている。ダマスク系の香り。

暑 鉢 庭 四季咲 強香

バイランド
— Bailando —

系統	S
花色	アプリコットがかったピンク
花形	カップ咲き
花径	6㎝
樹形	横張り性
樹高	100㎝

耐病性があり、秋にもよく咲く。コンパクトにまとまる品種なので鉢植えにも向く。

黒 う 暑 寒 鉢 庭 四季咲 微香

寒さに強い

バラは気温が下がると、春の開花に備えて葉を落とし成長を止めます。北海道や東北地方、豪雪地帯では、寒さが厳しいため冬場の凍結で株がダメになってしまうことがあります。寒冷地では、耐寒性のある品種を選びましょう。

キャメロット
— Camelot —

系統	CL
花色	ピンクに濃桃色スポット
花形	平咲き
花径	8～10㎝
樹形	つる性
樹高	250～300㎝
受賞	ADR/BADEN ほか

花が開くにつれ、ピンクの花びらに濃いピンクのスポットが出る。トゲが少ない品種。

黒 う 寒 庭 返り咲 中香

シンプリー ヘブン
— Simply Heaven —

系統	HT
花色	杏色から白
花形	半剣弁高芯咲き
花径	12㎝
樹形	半直立性
樹高	150～180㎝
受賞	RNRS/GIFU

シュートをよく出し、日陰でも育つ強健品種。秋の花色は黄色が強く出やすい。

う 暑 寒 陰 庭 四季咲 微香

ベル ロマンティカ
— Belle Romantica —

系統	F/S
花色	濃い黄色
花形	カップ咲き
花径	6㎝
樹形	直立性シュラブ
樹高	100～180㎝
受賞	ADR

枝がシュラブ状に伸びるため、つるバラとしても使える。さわやかな香りを持ち、耐病性がある。

黒 う 暑 寒 鉢 庭 四季咲 中香

メアリー ローズ
— Mary Rose —

系統	ER
花色	濃いピンク
花形	ロゼット咲き
花径	8～9㎝
樹形	半つる性
樹高	150～200㎝

枝はほぼまっすぐに伸びて上部で広がる。春は密に花をつけ、さわやかな香りを漂わせる。

暑 寒 陰 庭 返り咲 中香

ロートケプヘン
— Rotkappchen —

系統	F
花色	濃い赤
花形	ロゼット咲き
花径	5㎝
樹形	直立性
樹高	120㎝
受賞	LYON

遅咲きだが、くり返しよく咲く。花びらがしっかりとしたタイプで褪色が少ない。

黒 う 暑 寒 鉢 庭 四季咲 微香

アルテミス
— Artemis —

系統	F
花色	白
花形	カップ～平咲き
花径	5～10㎝
樹形	直立製
樹高	180㎝

耐病性が強く、つるバラのようにフェンスなどに使うこともできる。さわやかなアニスの香り。

黒 う 暑 寒 庭 四季咲 中香

サニー ノック アウト
— Sunny Knock Out —

系統	F
花色	黄色～パステルクリーム
花形	半八重咲き
花径	7.5㎝
樹形	横張り性
樹高	100㎝

黄色の花が開くにつれ白っぽく変わり、色のグラデーションを楽しめる。さわやかな香り。

黒 う 寒 陰 鉢 庭 四季咲 強香

ベルサイユのばら
— La Rose de Versailles —

系統	HT
花色	真紅
花形	剣弁高芯咲き
花径	13～14㎝
樹形	半直立性
樹高	160㎝

夏に葉が変形し斑が入ることがあるが、9月以降涼しくなると戻る。真紅の大輪で存在感がある。

黒 う 暑 寒 庭 四季咲 微香

アンティーク レース
— Antique Lace —

系統	F
花色	深みのある杏色
花形	波状弁抱え咲き
花径	4～5㎝
樹形	半直立性
樹高	80～100㎝

花もちがよいため、切花としても人気がある品種。コンパクトに管理でき、鉢植えにも向く。

寒 鉢 庭 四季咲 微香

スヴニール ドゥ ラ マルメゾン
— Souvenir de la Malmaison —

系統	ブルボン
花色	ベージュがかった淡いピンク
花形	ロゼット咲き
花径	10㎝
樹形	横張り性
樹高	100㎝

香りがよく秋までよく花をつけるオールド・ローズ。剪定はフロリバンダ・ローズに準ずる。

黒 暑 寒 鉢 庭 四季咲 強香

ブライダル ティアラ
— Bridal Tiara —

系統 S
花色 アイボリーホワイト
花形 高芯丸弁咲き
花径 7～8㎝
樹形 半横張り性
樹高 80～120㎝

黒星病に強い。こんもりと茂る株で、ひとつの枝に咲く花は少ないが、つぎつぎと花をつける。 黒 暑 寒 陰 鉢 庭 四季咲 微香

鉢植え向き

大きくなりすぎずコンパクトな樹形を保てる品種、成木になっても鉢替えをせず何年も変わらず花をつけてくれる品種は、鉢植え向きといえます。ただし、そういった品種も新苗から成木になるまでの３～４年間は、鉢替えが必要です。

ハイディ クルム ローズ
— Heidi Klum Rose —

系統 F
花色 バイオレットピンク
花形 丸弁ロゼット咲き
花径 9～10㎝
樹形 半横張り性
樹高 80㎝

とても花つきがよいが、うどん粉病に弱いため注意が必要。剪定は高めにする。ダマスク系の香り。 暑 寒 鉢 庭 四季咲 強香

プリンセス ドゥ モナコ
— Princesse de Monaco —

系統 HT
花色 白にふちがピンク
花形 半剣弁高芯咲き
花径 12～15㎝
樹形 半横張り性
樹高 150～200㎝
受賞 MONZA/GENEVE

病気に強く、初心者にも育てやすい人気種。モナコ公国王妃だったグレース・ケリーに捧げられた。 暑 寒 鉢 庭 四季咲 中香

オリンピック ファイヤー
— Olympic Fire —

系統 F
花色 鮮やかな朱色
花形 丸弁盃状咲き
花径 9～10㎝
樹形 横張り性
樹高 60㎝

花もちがよい強健種で、雨による花の痛みが少ない。晩秋の朱色は深く鮮やかですばらしい。 暑 鉢 庭 四季咲 微香

サンライト ロマンティカ
— Sunlight Romantica —

系統 F
花色 明るい黄色
花形 ロゼット咲き
花径 6～7㎝
樹形 半横張り性
樹高 60～70㎝

6～8輪の房咲きで、株いっぱいに花をつける。花が開くと白っぽくなる。フルーティーな香り。 黒 寒 鉢 庭 四季咲 強香

プチ トリアノン
— Petit Trianon —

系統	F
花色	ライトピンク
花形	丸弁ロゼット咲き
花径	13㎝
樹形	半直立性
樹高	120㎝

病気に強く、トゲが少ない品種。晩秋は花がらを摘むと、そのあともよく咲く。

黒 う 暑 寒 陰 鉢 庭 四季咲 微香

ヒストリー
— History —

系統	HT
花色	ピンク
花形	ロゼット咲き
花径	10～12㎝
樹形	横張り性
樹高	120㎝

コロンとした丸い花形が特徴的。花つきはよいが、株が充実するまでは花数を制限して管理する。

暑 寒 鉢 庭 四季咲 微香

ヘルツ アス
— Herz Ass —

系統	HT
花色	濃い赤
花形	半剣弁高芯咲き
花径	9～11㎝
樹形	直立性
樹高	100㎝

花弁質がよく花が長持ちする。ややトゲが少ない品種。花名はドイツ語で「ハートのエース」の意味。

暑 寒 鉢 庭 四季咲 微香

アイスバーグ
— Iceberg —

系統	F
花色	純白
花形	半八重咲き
花径	7～8㎝
樹形	半横張り性
樹高	100㎝
受賞	WFRS

シュート更新しにくいタイプのため、古い枝も残すように剪定する。トゲの少ない人気の品種。

暑 寒 鉢 庭 四季咲 微香

ブルー バユー
— Blue Bajou —

系統	F
花色	藤色
花形	丸弁咲き
花径	7～8㎝
樹形	横張り
樹高	120～150㎝

トゲが少なめで、フロリバンダ系ではめずらしい幻想的な藤色。寒さに弱いが、人気のある品種。

暑 鉢 庭 四季咲 微香

ローブリッター
— Raubritter —

系統	S
花色	濃いピンク
花形	丸弁カップ咲き
花径	4～5㎝
樹形	半横張り性
樹高	100㎝

鉢替えせずとも長く花をつける。少々暑さに弱いため、寒冷地のほうがよく伸びる。剪定は枝を多く残す。

寒 鉢 庭 一季咲 微香

ハニー ブーケ
— Honey Bouquet —

系統 F
花色 淡い杏色
花形 半剣弁抱え咲き
花径 10㎝
樹形 半直立性
樹高 90～100㎝

本来は淡い杏色だが、気候によって明るい黄色に咲くこともある。香りがよく、枝はやわらかめ。

暑 寒 鉢 庭 四季咲 中香

ジャルダン ドゥ フランス
— Jardins de France —

系統 F
花色 サーモンピンク
花形 半剣弁平咲き
花径 5～6㎝
樹形 半直立性
樹高 90～110㎝
受賞 BAGATELLE ほか

8～15輪の房咲きで、一度にたくさんの花をつける。トゲが少なめで花茎が長く、切花にしてもよい。

暑 寒 鉢 四季咲 中香

ヨハネ パウロ 2世
— Pope John Paul II —

系統 HT
花色 白
花形 半剣弁高芯咲き
花径 12～13㎝
樹形 直立性
樹高 150㎝
受賞 アデレード

花弁にしみがつきにくく病気に強い。成長が早く暑さにも強い。さわやかな香り。

黒 う 暑 鉢 庭 四季咲 強香

ラバグルート
— Lavaglut —

系統 F
花色 濃いビロード赤
花形 丸弁咲
花径 6～7㎝
樹形 半横張り性
樹高 1～120㎝

やや遅咲きの品種で、花びらが強いためポプリなどに向く。耐病性、耐寒性が高い。

暑 寒 陰 鉢 庭 四季咲 微香

ピンク ドリフト
— Pink Drift —

系統 Min
花色 白～ピンク
花形 一重咲き
花径 3～4㎝
樹形 横張り性
樹高 40～60㎝
受賞 BAGATELLE

成長すると枝が弓なりに垂れ、絶え間なく花をつける。強健種でベランダなどでも育てやすい。

黒 う 暑 寒 鉢 庭 四季咲 微香

エルベショーン
— Elveshorn —

系統 F
花色 濃い桃色
花形 丸弁咲き
花径 5～6㎝
樹形 半直立性
樹高 100㎝

遅咲きで、秋は花色が深くなる。枝は細め。黒星病対策をすれば秋の花つきもよくなる。

暑 寒 鉢 庭 四季咲 微香

ホープス アンド ドリームズ
— Hopes and Dreams —

系統	F
花色	サーモンピンク
花形	丸弁抱え咲き
花径	5～6㎝
樹形	直立製
樹高	100㎝

樹高が低くこんもりと房咲きするタイプで、病気に強い健康種。花もちがよく長く楽しめる。 黒 う 暑 寒 鉢 庭 四季咲 微香

ディズニーランド ローズ
— Disneyland Rose —

系統	F
花色	オレンジからピンク
花形	半剣弁咲き
花径	8㎝
樹形	横張り性
樹高	100㎝

オレンジにピンクが混じる華やかな花色。3～10輪の房咲きで、株いっぱいに花が咲く。黒星病には注意。 鉢 庭 四季咲 微香

シャルル ドゥ ゴール
— Charles de Gaulle —

系統	HT
花色	濃いラベンダー
花形	半剣弁高芯咲き
花径	10～13㎝
樹形	横張り性
樹高	100～120㎝

トゲが少ない品種で、ダマスク・モダンとティー系をあわせた濃厚な香り。株が古くなるとシュートが減る。 鉢 庭 強香

かがやき
— Kagayaki —

系統	HT
花色	赤で裏弁が黄色
花形	半剣弁高芯咲き
花径	8～10㎝
樹形	直立性
樹高	120～150㎝
受賞	HAGUE

HT系にしては小ぶりの早咲き。裏弁の黄色がその名の通り輝くような色彩を放つ。 暑 鉢 庭 四季咲 微香

うらら
— Urara —

系統	F
花色	ショッキングピンク
花形	丸弁咲き
花径	8～10㎝
樹形	半横張り性
樹高	50～90㎝
受賞	JRC

花つきが非常によく、秋まで途切れることなく花が咲く。強健種で初心者にとてもおすすめ。 黒 う 暑 寒 鉢 庭 四季咲 微香

ベビー ロマンティカ
— Baby Romantica —

系統	F
花色	オレンジピンク
花形	丸弁ロゼット咲き
花径	5～6㎝
樹形	直立性
樹高	100～120㎝

株が形よくまとまりやすいタイプ。切り花にしても花もちがよいためアレンジメントなどにも向く。 暑 陰 鉢 庭 四季咲 微香

庭植え向き

大きく育つ品種は、鉢植えよりも庭植えのほうが向いています。植えつける場所にあわせて、樹形を選ぶとよいでしょう。丈夫で長く楽しめる株に育てるためにも、日当たり、風通し、水はけのよい場所を選んで植えることも大切です。

熱情
— Netsujo —

系統	HT
花色	赤紅
花形	剣弁高芯咲き
花径	11～12㎝
樹形	直立性
樹高	120～150㎝
受賞	JRC

花形がよくコンテスト出品に向く強健種で大株になる。切花にしても長くもつ。

暑 寒 鉢 庭 四季咲 微香

ミラマーレ
— Miramare —

系統	HT
花色	黄色に赤の覆輪
花形	剣弁高芯～ロゼット咲き
花径	12㎝
樹形	直立性
樹高	100～150㎝
受賞	GIFU/JRC

黄色、赤、淡いピンクなど気候や株の状態で複雑な色になる。やや遅咲きで、丈夫な人気品種。

暑 寒 庭 四季咲 中香

パット オースチン
— Pat Austin —

系統	ER
花色	明るいオレンジ
花形	カップ咲き
花径	7～8㎝
樹形	半直立性
樹高	110～14㎝

イングリシュ・ローズの中では比較的コンパクトにまとまる品種。さわやかなティー系の香り。

鉢 庭 四季咲 強香

クリスチャン ディオール
— Christian Dior —

系統	HT
花色	明るい赤
花形	剣弁高芯咲き
花径	10～15㎝
樹形	直立性
樹高	150～180㎝
受賞	AARS

華やかさがあり、花もちがよいため人気の品種。うどんこ病に弱いので初夏と秋は注意する。

暑 寒 陰 庭 四季咲 微香

チャイコフスキー
— Tchaikovski —

系統	HT
花色	クリーム色で中心がレモン色
花形	半剣弁ロゼット咲き
花径	10～12㎝
樹形	半直立性
樹高	150㎝

アンティークタッチの雰囲気があり、房咲きで秋までよく花が咲く。とても樹勢がよい。

庭 四季咲 微香

レオナルド ダ ビンチ
— Leonard da Vinci —

系統	CL / S
花色	濃いローズピンク
花形	クォーターロゼット咲き
花径	8～10㎝
樹形	つる性
樹高	150～200㎝
受賞	MONZA

花弁がしっかりしていて病気にも強い。木バラにもつるバラにも使え、いろいろな仕立てができる。 暑 寒 鉢 庭 返り咲 微香

カール プロベルガー
— Karl Ploberger —

系統	F
花色	レモンイエロー
花形	丸弁カップ咲き
花径	12～13㎝
樹形	直立性
樹高	120～150㎝
受賞	ADR/JRC ほか

耐病性があり、よく伸びる枝はつるバラのようにも仕立てられる。香りも楽しめる。 黒 う 庭 四季咲 中香

ヘルムット コール ローズ
— Helmut kohl Rose —

系統	HT
花色	赤
花形	クォーターロゼット咲き
花径	15～18㎝
樹形	直立性
樹高	100～120㎝

太くしっかりとした花首に花弁の厚い大輪の花をつけ雨に強い。強健種で切花にしてもよい。 暑 寒 庭 四季咲 微香

緑光
— Ryokko —

系統	F
花色	白から緑白
花形	平咲き
花径	5～6㎝
樹形	半横張り性
樹高	90～120㎝
受賞	BADEN

緑がかった白のめずらしい花色で、トゲが少なめで丈夫な品種。生育旺盛で花もちもよい。 暑 寒 鉢 庭 四季咲 微香

桃香
— Momoka —

系統	HT
花色	ピンク
花形	半剣弁高芯咲き
花径	12～13㎝
樹形	半直立性
樹高	120～150㎝
受賞	ECHIGO

大輪の花が華やかで、雨に当たってもつぎつぎ花を咲かせる。うどんこ病に弱い。ティー系の香り。 暑 寒 庭 四季咲 強香

ジュビレ デュ プリンス ドゥ モナコ
— Jubil'e du Prince de Monaco —

系統	F
花色	白から鮮やかな赤
花形	剣弁平咲き
花径	10㎝
樹形	半横張り性
樹高	80㎝
受賞	AARS ほか

咲きすすむにつれ、白い花びらが鮮やかな赤に変わる華やかな品種。花色はモナコ公国の国旗を表す。 暑 寒 鉢 庭 四季咲 微香

仕立て方もさまざま おすすめのミニバラ

花も葉も、樹高も小さいミニチュアローズから始まったミニバラですが、ポリアンサ系やフロリバンダ系などさまざまなバラと交配され、最近はとくにバラエティ豊か。それぞれの特徴を知り楽しみましょう。

普通のバラよりも風通しを十分に

ミニバラは、中国の「ロサ・キネンシス・ミニマ」から生まれたミニチュアローズがそもそもの始まりといわれています。今では普通のバラとの境目があいまいですが、多くは、品種の作出者の発表にしたがい、樹形が比較的小ぶりで、小さめの花や葉をつけるものをミニバラといっています。

樹形や花は小さくても、元気な状態で花を咲かせるためには、ほかのバラと同様、日頃の管理が大切です。庭植えや鉢植えの植えつけ方は、普通のバラと基本的には同じです。冬期以外のポット苗の植えつけは、根鉢をくずさないように注意します。病害虫は、とくに黒星病とハダニに弱い傾向があります。密植は避け、風通しのよいところに植え、鉢植えも風通しのよい場所で管理します。

ミニバラの樹形と仕立て方

ミニバラにも、つる性や半つる性（シュラブタイプ、ミニシュラブ）などさまざまなタイプがあります。最近は、フロリバンダ系との交雑によってつくられた、やや大きめのミニバラが「パティオタイプ」と呼ばれていることもあります。仕立て方もさまざまです。

バラの樹形について➡P22
仕立て方について➡P46

▼台木を長くして上部につぎ木したスタンダード仕立てのピンク マザーズ デイ

◀つる性の品種をトレリスに誘引して仕立てたもの

◀盆栽状に仕立てたミセスカズコ

ブッシュタイプのコーヒー オベーション▶

ミニバラのおすすめ品種

ツベルゲンフェー'09

花径 4㎝　樹形 半横張り性　樹高 40～50㎝

特徴 八重咲きで数輪が房になって咲く。黒星病とハダニに強く、耐寒性も強い。鉢にも庭植えにも適す。

カリエンテ

花径 5～6㎝　樹形 半横張り性　樹高 50㎝

特徴 剣弁高芯咲きで数輪が房になって咲く。庭植え、鉢植え向き。花色はビロード状の光沢を持つ赤。

ファースト　インプレッション

花径 5㎝　樹形 半直立性　樹高 80㎝

特徴 樹形はこんもりとまとまり、黒星病に強く育てやすい。香りも楽しめる。花色は鮮やかな黄色。

マンダリン

花径 4㎝　樹形 半直立性　樹高 30㎝

特徴 花つき、花もちがよいが、黒星病にやや弱い。オレンジと黄色の花色で、夏には透明感が出る。

スイート　ダイアナ

花径 8～9㎝　樹形 半直立性　樹高 30～50㎝

特徴 1輪咲きのパティオタイプ。育てやすいが、うどんこ病にやや弱い。褪色の少ない黄バラ。

コーヒー　オベーション

花径 5㎝　樹形 直立性　樹高 30～40㎝

特徴 カップ咲きで、深みのある茶色だが、夏は朱色に。花の時期は直射日光より半日陰のほうが発色がよい。

テディ　ベア

花径 3～4㎝　樹形 半直立性　樹高 30～50㎝

特徴 生育旺盛でまとまりのよい株になる。落ち着いたシックなレンガ色で、咲き進むとピンク色も出る。

Q ミニバラを寄せ植えに使いたいのですが。

A 寄せ植えは、とくに黒星病とハダニに注意が必要です。ハダニも黒星病も風通しが悪いと発生しやすくなりますので、株同士のスペースを空けて密植は避けます。ほかの草花や低木といっしょに植えるときには、バラと同じように管理ができるものを使いましょう。水や肥料への要求が似ているもの、同じ病害虫がないものを組み合わせるようにするのがコツです。イネ科植物のように同じ病気がないものは、比較的うまく育ちます。

バラを引き立てる 相性のよい草花

バラといっしょに植える草花は、バラの肥料を横取りせず成長を妨げないもので、バラと同じ病気や害虫の被害にあいやすいものは避けます。開花時期の異なる草花なら、バラの花が少ない時期も華やかです。

バラの足もとを彩る草花

下のほうに花がつきにくいバラは、足元に草花を植えて華やかさを出しましょう。

01 チャイブ Allium schoenoprasum

野菜としても利用できるハーブの一つ。丈夫で、日当たりのよい場所を好み、乾燥にも比較的強い。

●科名 ネギ科（ユリ科）
●草丈 20～30cm ●形態 多年草
●開花 5～7月 ●種・植 3～5月、9～10月[種]

02 ネモフィラ Nemophila menziesii

秋まきの1年草だが、寒冷地では春にまく。ときどき茎を切り取って風通しをよくしてやる。

●科名 ムラサキ科（ハゼリソウ科）
●草丈 10～30cm ●形態 1年草
●開花 3～5月 ●種・植 3～4月、9～10月[種]

03 ペチュニア Petunia

高温多湿に弱いので、梅雨前に茎を株元から切り戻すと、夏に新しい茎が伸び花を長く楽しめる。

●科名 ナス科
●草丈 10～30cm ●形態 1年草または多年草
●開花 3～11月 ●種・植 3～5月、9月[種]

04 ビオラ Viola

パンジーの小型種だが、パンジーよりも強健で花つきもよい。日当たりのよい場所を好む。

●科名 スミレ科
●草丈 10～20cm ●形態 1年草 ●開花 11～6月
●種・植 8月下旬～9月[種]／10～4月[苗]

05 ムスカリ Muscari

日当たりのよい場所を好む。花後、葉が青いうちは切らないで光合成を促すとよい。

●科名 キジカクシ科（ユリ科）
●草丈 10～30cm ●形態 多年草
●開花 3～5月 ●種・植 9～11月[球根]

※科名はAPG分類体系、（　）内はクロンキストの分類体系による。※種・植＝種まき・植えつけ

日陰から半日陰に強い草花

シェードプランツと呼ばれ、
日陰から半日陰でも育つ種類です。
草丈はさまざまです。

01 シラー
Scilla

やや乾いた場所を好み、半日陰でも育つ。夏から秋は休眠するので水やりは控える。

●科名 キジカクシ科(ユリ科)
●草丈 5~80cm ●形態 多年草
●開花 2~6月 ●種・植 9~10月[球根]

02 アスチルベ
Astilbe

日当たりのよい場所から半日陰に適する。冬は地上部を刈り取っておくと、春に新しい芽が出る。

●科名 ユキノシタ科
●草丈 30~80cm ●形態 多年草
●開花 5~9月 ●種・植 3月、10~12月[苗]

03 タイム
Thymus

寒さに強いが高温多湿に弱いので、梅雨前に半分くらいに刈り込むとよい。夏は半日陰がよい。

●科名 シソ科
●草丈 15~30cm ●形態 多年草
●開花 4~6月 ●種・植 3~4月、9~10月[苗]

04 ヒューケラ(ホイヘラ)
Heuchera

カラーリーフとして人気が高い。日当たりを好むが、高温が苦手なので、明るい半日陰が適する。

●科名 ユキノシタ科
●草丈 20~50cm ●形態 多年草
●開花 5~6月 ●種・植 9月中旬~5月[苗]

05 アガパンサス
Agapanthus

日当たりのよい場所でも半日陰でもよく育つ。花後に花茎を切り取って株を養うと、翌年も咲く。

●科名 ムラサキクンシラン科(ユリ科)
●草丈 70~150cm ●形態 多年草
●開花 6~9月 ●種・植 4~5月、9~10月[苗]

06 オルレア
Orlaya grandiflora

本来は多年草だが、日本では暑さに弱く夏に枯れることがある。日なたから半日陰を好む。

●科名 セリ科 ●草丈 50~70cm
●形態 1年草 ●開花 4月中旬~7月中旬
●種・植 9月中旬~10月中旬[種]

07 ギボウシ
Hosta

人気のカラーリーフ。半日陰から日陰を好み、強い日当たりは苦手。水はけはよくする。

●科名 キジカクシ科(ユリ科)
●草丈 15~150cm ●形態 多年草 ●開花 6~9月
●種・植 2中旬~3月、9月中旬~10月[苗]

08 レースフラワー
Ammi majus

多年草だが、暑さに弱く、夏に枯れるので1年草として扱う。過湿を嫌うので水やりは控える。

●科名 セリ科
●草丈 100~200cm ●形態 1年草
●開花 4~6月 ●種・植 9~11月[種]

中型から大型の草花

背が高く育ちやすい種類なので、
立体感を出したい花壇の
演出にぴったりです。

01 リナリア
Linaria

５月に花が終わったあと、短く切り戻すと再度花をつける。日当たりが悪いと徒長しやすい。

●科名 オオバコ科（ゴマノハグサ科）
●草丈 30～80cm ●形態 1年草
●開花 4～6月 ●種・植 9～10月[種]

02 ベロニカ
Veronica

暑さ寒さに強く、日当たり、水はけのよい場所を好む。秋には翌年の芽ができるので切り戻す。

●科名 オオバコ科（ゴマノハグサ科） ●草丈 10～100cm
●形態 多年草または1年草 ●開花 4～11月
●種・植 4～5月、9月下旬～10月[種]／9月中旬～11月[苗]

03 エキナセア（ムラサキバレンギワ）
Echinacea purpurea

病気が少なく丈夫で暑さ・寒さに強い。冬は地上部が枯れるが、春に新芽を出す。密植は避ける。

●科名 キク科
●草丈 80～100cm ●形態 多年草
●開花 5～8月 ●種・植 3～4月、9～10月[種]

04 オダマキ（セイヨウオダマキ）
Aquilegia

風通しのよい明るい日陰を好む。寒冷地では冬に敷わらなどで根を凍結から防ぐとよい。

●科名 キンポウゲ科
●草丈 30～70cm ●形態 多年草 ●開花 5～6月
●種・植 5～6月、9～10月[種]／3月[苗]

05 ラムズイヤー（ワタチョロギ）
Stacys byzantina

寒さには強いが高温多湿に弱いので、夏は半日陰になる場所がよい。乾燥気味の場所を好む。

●科名 シソ科
●草丈 30～60cm ●形態 多年草 ●開花 5～7月
●種・植 4月、9月[種]／3月、10月[苗]

06 バジル
Ocimum basilicum

日当たりのよい場所を好む。20～30cmになったら摘心して枝数を増やすようにするとよい。

●科名 シソ科
●草丈 60～90cm ●形態 1年草
●開花 7～11月 ●種・植 4～5月[種]

07 チェリーセージ
Salvia microphylla

日当たり・水はけのよい場所を好む。夏の高温時に下葉が枯れることがあるので切り戻すとよい。

●科名 シソ科
●草丈 50～150cm ●形態 常緑低木
●開花 4～11月 ●種・植 4～5月、9～10月[苗]

08 ハナビシソウ（カルフォルニアポピー）
Eschscholzia californica

寒さに強いが多湿が苦手。本来は多年草だが、梅雨時に枯れるため１年草扱い。日なたを好む。

●科名 ケシ科
●草丈 30～60cm ●形態 1年草 ●開花 5～7月
●種・植 3～4月、9月中旬～10月[種]

09 ブルーデイジー
Felicia amelloides

高温多湿を嫌うので、日当たりのよい場所で管理し、梅雨時や真夏は軒下などに移動するとよい。

●科名 キク科
●草丈 20～60㎝ ●形態 常緑低木
●開花 4～6月、9～10月 ●種・植 5月、10月[苗]

10 アグロステンマ（ムギセンノウ）
Agrostemma githago

日当たり・水はけがよい場所を好む。肥料は少なめにして、水やりは株もとに与える。

●科名 ナデシコ科
●草丈 60～100㎝ ●形態 1年草
●開花 5～7月 ●種・植 3～4月、9～10月[種]

11 ラベンダー
Lavandula

寒さは強いが暑さは苦手な種類が多い。満開になる前に花穂を切り取ると夏を越しやすくなる。

●科名 シソ科
●草丈 30～100㎝ ●形態 常緑低木
●開花 5～7月 ●種・植 3～4月、10月[苗]

12 チューリップ
Tulipa

日当たりのよい場所を好む。花がらは早めに摘み、6月～7月に葉が枯れてきたら球根を掘る。

●科名 ユリ科
●草丈 30～60㎝ ●形態 多年草
●開花 3～5月 ●種・植 10～11月[球根]

13 キンギョソウ
Antirrhinum majus

日当たりを好み、過湿の場所を嫌う。枯れた花がらを早めに摘み取ると花穂の先まで花が咲く。

●科名 オオバコ科（ゴマノハグサ科） ●草丈 20～80㎝
●形態 多年草 ●開花 5～7月、10～11月
●種・植 9～10月[種]／4～5月[苗]

14 ペンステモン
Penstemon

蒸れに弱いため風通し、水はけをよくする。花がらにカビがつくことがあるので、まめに摘み取る。

●科名 オオバコ科（ゴマノハグサ科） ●草丈 30～80㎝
●形態 多年草または1年草 ●開花 6～9月
●種・植 9～10月[種]／10～11月、3～4月[苗]

15 ジギタリス
Digitalis purpurea

涼しい場所を好むので、夏は風通しのよい場所に植えるとよい。花が終わったら花穂を切り取る。

●科名 オオバコ科（ゴマノハグサ科）
●草丈 40～160㎝ ●形態 多年草 ●開花 5～7月
●種・植 5月[種]／3～4月、9～10月[苗]

16 アフリカン・マリーゴールド
Tagetes erecta

マリーゴールドの中でも花が大きめの種類で、バラのネマトーダ予防になる。日当たりを好む。

●科名 キク科
●草丈 30～120㎝ ●形態 1年草
●開花 6～11月 ●種・植 3月下旬～5月[種]

17 サルビア・センセーション
Salvia nemorosa 'Sensation'

株が横に広がり幅40㎝ほどになる。寒さ・暑さに強い。夏に花が終わったら刈り込むとよい。

●科名 シソ科
●草丈 30～40㎝ ●形態 多年草 ●開花 5～9月
●種・植 4～5月、9月中旬～10月[苗]

空間を引き立たせる
ガーデンアイテム
Garden items

つるバラやシュラブを絡ませて、立体的な庭をつくるためのアイテムです。土にさすタイプのものは、倒れないように足元をしっかり固定することが大切です。

トレリス
trellis

平面的に枝を絡ませるもので、壁面に沿わせたり、敷地の間仕切りや道路からの目隠しなどに使います。枝をサイドに伸ばしたいときは縦棒が多いものを、枝を上に伸ばしたいときは横棒が多いものを選びましょう。

半円状のトレリスは、シュラブ性の株も包むように支えてくれます。２枚を向かい合わせで使うと筒状の支柱になります。▶アールトレリスS ４枚セットで16,481円（G）

平面状のものと半円状のものを連結させてフェンスのように使用できるトレリス。連結させずに単体で使用してもOKです。▶デザイン ラウンド トレリスレギュラーセット／平面１枚、半円２枚セットで18,333 円（G）

上のほうが広がっている扇型のトレリスは、半つる性のバラも誘引しやすいタイプです。鉢植えで使用するときは、少し重めの鉢のほうが安定します。
▶参考商品（K）

オベリスク
obelisk

筒状に枝を絡ませるものです。オベリスクに巻きつけるように誘引するので、置き場所によっては四方からバラを楽しめます。縦長に仕上がるのでせまい空間にもおすすめです。

筒状のオベリスクを鉢植えで使う場合は、鉢の中心にバラを植えて、オベリスクの外側に枝を巻きつけるように誘引します。写真は三重塗装のサビに強いタイプでスペースにあわせてサイズを選べます。
▶プライム オベリスク／レギュラー13,704円、スリム 9,074円、スリムショート 8,315円／すべて(G)

アーチ
arch

上部が曲線になっており、枝を誘引することでバラのトンネルがつくれます。庭の入り口や小道の途中に置くことで、人を誘導してくれます。

足元を地面にさす一般的なアーチ。写真のものは三重塗装で長期間、庭に置いてもサビにくいタイプです。
▶プライムアーチ25,741円(G)

アーチの足元を鉢植えで支えるタイプなので、庭だけでなく、ベランダでもアーチを楽しめます。
▶アーバンアーチ15,556円 (G)

広い庭ならベンチを置くのも素敵です。アーチ型になっているのでバラを飾ったベンチも可能です。▶ラバーズベンチパーチェ 36,852円 (G)

取り扱い：(K)京成バラ園ガーデンセンター、(G)ガーデナーズジャパン　※価格は消費税別です。

もっと知りたい！

バラ選びのQ&A

Q

四季咲き性と返り咲き性は同じではないのですか？

A バラでは必ずベーサルシュート（新梢）に花が咲く品種を四季咲きとし、シュートには咲かないが、枝の先端あるいは途中に不定期に咲く品種を返り咲きとしています。返り咲き性は、病害虫などで葉を落としたりすると咲き出す現象とは別です。

四季咲き性のバラは、花がら切りをすれば必ずつぎの花茎が出て花が咲き、基本的には１年を通してくり返し咲く性質をもっています。ただし、バラは気温が下がると休眠する性質がありますので、関東では５月～11月までというように、実際は咲く時期が限定されます。一方、返り咲き性の場合は、花がらを切ったからといって必ず咲くとは限りません。５月～６月ごろに咲いたあと、秋まで不定期に花を咲かせます。これらのほかに、春の時期だけ花を咲かせる一季咲き性のものがあります。

Q

通販カタログで注文したバラの花色や形がカタログとは違っていたのですが？

A バラに限らず、植物はどれも咲く場所の土壌や気候などの条件、栽培管理の仕方、株の成熟度によって、花の色や形が少しずつ違ってくることがあります。赤色のバラがひと枝だけピンクや朱色になるなど、突然変異の枝変わりが起きることもまったくないとはいえません。同じ品種でも、カタログ通りに花が咲かないことはよくあることです。手入れが適切でなかった可能性もありますので、気になるなら販売店に相談してみるのもよいでしょう。まれに、注文したものと違う品種が届くことがあるかもしれません。発送などは人が行う作業ですので間違いもあります。

Q

高さ1mほどのフェンスを覆うようにつるバラを咲かせたいのですがどんな品種が適していますか？

A つるバラの伸長力（ベーサルシュートの１年間に伸びる長さ、または冬に剪定した位置から１年間で伸びる枝の長さ）は、品種によってさまざまです。そもそも丈が低い品種もありますが、伸長力がある品種でも、枝が細ければ、誘引で高さ１m以内にまとめられるものがあります。「ペレニアル ブッシュ」「ペレニアル ブルー」「スーパー エクセルサ」などは、枝が細く横に伸びるので、低い位置にもまとめやすい品種です。家の回りを囲うような生け垣など、横に長くはわせたい場合は、細い枝が長く伸びる「アルベリック バルビエ」がおすすめです。

ほかには、修景バラとして売られている四季咲きで小型の品種もよいでしょう。

ペレニアル ブルー

Q
雨の多い地域に住んでいます。育てやすい品種を教えてください。

A 黒星病やさび病、ベト病に弱い品種は避けましょう。「ボレロ」「マイ ガーデン」などは病気に強い品種です。また、品種選びと同時に、地面の排水をよくする工夫も大切です。粘土質の土や粒子がこまかくなりすぎてしまった土は、完熟堆肥、腐葉土、ピートモスなどの有機物を入れて土壌改良します。地下水の水位が高いために水はけの悪い庭は、上げ床にする方法があります（➡P104）。

ボレロ

マイ ガーデン

Q
同じ品種でも「つぎ木苗」と「さし木苗」があるようです。どういう違いがあるのでしょうか。

A つぎ木苗は、バラの芽（穂木）を別のバラ（台木）につぎ木して育てた苗です（➡P120）。さし木苗は、バラの枝の一部を土にさして発根させた苗です（➡P116）。市販の苗はつぎ木苗が多いようですが、さし木苗を扱っている店もあります。

日本で生産されるつぎ木苗は、一般に「ノイバラ」を台木にしています。ノイバラは日本の野生種バラで、その根を通して成長するつぎ木苗は、日本の風土にあい、初期成長がよくなります。

一方、さし木苗は、自力で発根するところからスタートしていますので、初期成長はつぎ木苗にくらべて劣ってきます。ただし、しっかりと活着すればその後の成長はほとんど変わらなくなります。

Q
つるバラは横に曲げるとよく咲くと聞きましたが、横に広げるスペースがありません。

A 以前は、「つるバラは曲げないと花つきが悪くなる」という話をよく耳にしました。しかし、今は曲げずに垂直に支持物に沿わせただけでも咲く品種があります。幅のせまいフェンスやポールのように上に伸ばすものには、そういった品種を使うとよいでしょう。奥行きのないタイプのアーチにもおすすめです。

また、アーチに沿わせるなら、地際から咲く品種を選ぶとアーチ全体を華やかに演出できます。「レイニー ブルー」「サマー メモリーズ」「ソニア ドール」「アンジェラ」などは、枝を曲げなくても地際からよく花をつけるタイプです。一方、「アイスバーグ」や「つるピース」などは地際に花がつきにくい品種です。つるをはわせる場所にあわせて選びましょう。

もっとバラを知る！

バラに関するコンクールのはなし

「栄誉の殿堂入り」というラベルを見かけたことがありませんか？　これは、世界中で多くの人びとに愛され、バラの発展に大きく貢献したバラとして表彰されたものにつけられます。世界バラ会連合（WFRS）により、3年ごとに開催される世界大会での投票で選ばれます。

バラは、毎年、数多くの新品種が登場していて、これらの新しいバラは、各国で開催されるさまざまなコンクール（コンテスト）で審査され、表彰が行われています。世界ばら会連合が認定したコンクールはとくに権威があり、世界25か所で開催されています。

これらのコンクールに共通しているのは、単に花の美しさを競うのではなく、2、3年間試作してさまざまな形質を審査し採点したうえで、優秀な品種を選んで表彰していることです。

一方、よく知られた英国王立バラ協会（The Royal National Rose Society）によるコンクールでも、3年間の栽培成績によって賞が与えられますが、選考の際には、庭に植えたときの美しさも重視されるのがポイントです。その他のコンクールも、それぞれに重視しているポイントがあり、そうした特徴を抑えておくと、バラの品種を選ぶときの参考になるでしょう。

日本で開催されているコンクールには、日本ばら会が主催する「国際ばら新品種コンテスト（JRC）」、岐阜県可児市の花フェスタ記念公園で開かれる「ぎふ国際ローズコンテスト（GIFU）」、新潟県長岡市にある国営越後丘陵公園で行われる「国際香りのばら新品種コンクール（ECHIGO）」などがあります。日本ばら会のコンクールに出品されたバラは、東京都調布市の神代植物公園で試作されていて、一般来園者も見ることができます。次世代にはどんなバラが登場してくるのか、コンクール会場を訪ねてみるのも楽しいでしょう。

パパ メイアン
1988年殿堂入り

快挙
2010年ROME金賞受賞

世界のおもなバラコンクール

オールアメリカンローズセレクション

略称 AARS　**開催地** アメリカ

米国内の公式バラ試作場で2年間の栽培試験を行い、成長力や耐病性、樹形などを採点。近年は耐病性が重視される。

Allgemeine Deutsche Rosenneuheitenprufung

略称 ADR　**開催地** ドイツ

ドイツ国内12か所で3年間の栽培試験を行い、優秀なバラに与えられる。とくに耐病性、耐寒性を重視される。

バーデンバーデン国際バラコンクール

略称 BARDEN-BARDEN　**開催地** バーデンバーデン（ドイツ）

出品されるバラの数は世界第2位。バーデンバーデンローズガーデンの中にあるボイティッヒ新種試作バラ園で栽培試験が行われる。

バガテルバラ新品種国際コンクール

略称 BAGATELLE　**開催地** パリ（フランス）

1907年に世界ではじめて創設された国際新品種コンクールで、応募品種の数は世界一。最も権威のあるコンクールの一つ。パリ郊外のバガテル公園で2年間の試作を経て審査。

ジュネーブ国際バラ新品種コンクール

略称 GENEVE　**開催地** ジュネーブ（スイス）

出品数は世界第3位。パルク ラ グランジュ公園で2年間の試作により審査される。2009年以降は有機農法で栽培が行われ耐病性も評価。

ハーグ国際コンクール

略称 HARGE　**開催地** ハーグ（オランダ）

ハーグにあるウェストブルーク公園で試作。一般市民もコンクールに出品されたバラの中から気に入った花に投票できる。

ローマバラ国際コンクール

略称 ROME　**開催地** ローマ（イタリア）

ローマ市営バラ園で1年間試作、審査される。審査にはバラの専門家のほか、建築家や造園家、アーティストなど100名が参加。子どもたちが審査する「子ども審査部門」もある。

英国バラ会賞

略称 RNRS　**開催地** ロンドン（イギリス）

1876年創立の英国王立バラ協会によるコンクール。ロンドンにある公式試作場で3年間の審査を受ける。成長力や習性、形などのほか、庭園や公園などに植えた際の美しさも評価の基準になっている。

Lesson 3

バラ苗の植えつけと殖やし方

Lesson 3

バラの成長

幼木から成木になるまで バラの生育サイクル

バラは、品種や環境によっても異なりますが、新苗・大苗を植えつけてから、約3～4年程度で成木になると考えられています。新苗から成木になるまでの生育サイクルを知りましょう。

幼木期は花よりも株をしっかり育てる

バラは、幼木期と成木期とでは、管理方法が変わります。幼木期は、花を楽しむよりも、がっしりした丈夫な株に育てることを目標に手入れすることが大切です。

とくに新苗は、つぎ木されてから日が浅いため、根も枝も未熟で幼い子どものような状態です。花を咲かせることはできますが、花が咲くと成長に必要な養分を花に奪われてしまい、株全体の生育を妨げることになります。そのため、植えつけ後、春～9月中旬ごろまでは、つぼみの摘み取りやシュートのピンチ（↓P130）などの手入れをして、花を咲かせる数を限定する開花調整を行います。

剪定方法（↓P140）も株の年数で変わります。幼木から成木までのサイクルを知り、適切な手入れをしましょう。

新苗（幼木）の成長過程

4月下旬 新苗の鉢替え

↓ P92

新苗の多くは、ビニールのポットに植えられて販売されています。購入したら、できるだけ早く植え替えをしましょう。

▶新苗のポット苗（左）を5号鉢（右）に植え替える。品種はウエディング ベルズ。

5～9月 シュートとつぼみのピンチ

↓ P130 P136

新苗は9月初旬ごろまで、シュートとつぼみを指で摘まむソフトピンチをくり返し行います。花を咲かせないようにして、光合成をする葉を増やすための作業です。

▲つぼみを見つけたらピンチする。

◀鉢替えから約２カ月後の新苗。シュートをピンチした下から新たな枝が伸びだしている。

5～10月 追肥

鉢植えは、限られたスペースで育てるので、毎月1回、追肥を与えます。(8月は休み)

P96

▲固形の肥料を置く位置は、毎月少しずつずらして置くのがポイント。

7月 夏の鉢替え

4月に5号鉢に植えた新苗を7号鉢に植え替えます。夏は根ぐされを起こさないように、鉢土は有機物を少なくします。

P97

▲新苗の鉢上げから3か月後、5号鉢から7号鉢へ植え替える。

8月 夏の剪定

P142

4月に鉢替えした新苗は、8月には高さ120センチを超えるまでに伸びます。夏の剪定は、庭植えにする株と、鉢のまま育てる株では、切る高さが違うので注意しましょう。

◆庭植え用の剪定

▲庭植え用は、枝をやや高い位置で切り、高さ100㎝ほどにする。

◆鉢植え用の剪定

▲鉢植え用は株をコンパクトに保つため、高さ60㎝程度で切る。花が咲くときは花茎が伸び、高さ100㎝ほどになる。

9月 庭への植えつけ

P106

夏の剪定をした庭植え用の鉢は、9月に庭へ植えつけます。この時期に植えつけておくと、しっかり活着して、翌年の春にはすみやかに成長をはじめられます。

▼庭への植えつけは9月中が適期。株の根もとをわらなどで覆うと、地温の上昇を防ぎ、雑草防止や乾燥の予防になる。

1月 冬の剪定

P148

年が明けた1月中旬ごろに冬の剪定を行います。この時期はまだ幼木期ですから、高めに切って成長を促すようにするのがポイントです。鉢植えは、コンパクトに仕立てるため、庭植えよりも低く切ります。

▶庭植えと鉢植えでは剪定を変える。庭植えは枝の3分の2程度、鉢植えは3分の1程度に切りつめる。庭植えはより葉を多くつけさせるため、細い枝も残すようにする。

2月 寒肥

P113

庭に植えつけた株の肥料は、寒肥1回だけで十分です。堆肥や有機質の肥料は、土の中でゆっくりと分解されて、春、バラが成長をはじめるころには、根が吸収できるようになります。鉢植えの追肥は、3月から、1年目と同じように固形肥料を月1回のペースで施します。

◀根もとに2か所穴を掘り、肥料、堆肥を入れて土とよく混ぜてやる。

3月 芽の活動開始

秋に庭に植えつけた苗は、冬前に活着しています。春には順調に根が動きはじめ、新しい芽が出て、よいスタートを切ることができます。

◀芽が出始めたことから、順調に根が活動をはじめていることがわかる。

5月 2年目の株

新苗から2年目を迎えた株は、順調に花茎を伸ばしてつぼみをつけます。2年目、3年目は、なるべく花をつけさせないようにつぼみのうちにピンチして、株を育てましょう。ベーサルシュートも早めにピンチして、充実した枝に育てます。

▲苗から数えて２年目を迎えた株。

◀新しいベーサルシュートが発生し順調に成長している。ピンチをくり返し、枝を充実させていく。

成木の管理

成木になった株は、日頃からベーサルシュートのピンチ、わき芽かき、花がら切りと剪定を組み合わせて、株の状態を保つように管理します（➡PART4）。

肥料は、鉢植えの場合、３月から10月まで毎月１回与えます（８月を除く）。一方、庭植えは寒肥だけにとどめて、充実した株に育てるのがポイントです。

また、成木の鉢植えでは、冬剪定といっしょに鉢の土替えを行います。毎年土替えをする必要はありませんが、２～３年に１回行いましょう。古い土を取りのぞき新しい土に替えてやると、土の中の空気が増えて、株は元気になります。

鉢植えで育てる❶

鉢植えで楽しむための 最適な土と鉢選び

バラを鉢で育てるときは、用土や鉢が適しているかどうかで、バラの生育に影響を与えてしまいます。用土や鉢の種類を知り、育てる環境に適したものを上手に選ぶようにしましょう。

鉢用の土は状態にあわせて配合を

鉢栽培用に市販されている培養土には、「バラ用の土」とうたっているものが多くあります。そのほとんどには、堆肥や肥料、腐葉土などがブレンドされていますが、実は、こういった用土は栄養分が多すぎて、新苗や輸入苗、根の状態がよくない苗には向いていません。市販の培養土は、しっかり育っている元気な株用の土といえます。新苗に市販の培養土を使う場合は、小粒の赤玉土を2～3割加えるようにします。

成長を盛んにする土、花を咲かせるための土、苗や若い株にやさしい土と、用土は用途によって配合を変えるのが基本です。培養土を使うよりも、それぞれの用土の特徴(⬇P38)を知り、苗や株の状態、季節にあわせて、ブレンドできるようになるのがベストです。

鉢バラ用の土の配合例

基本の配合

元気がよい苗なら、栄養分が多くても根がきちんと吸収してくれるので、ピートモスの代わりに堆肥を0.5入れ、残り分はパーライトと赤玉土を増やしてもよい。老木の鉢替えは、排水性をよくするため、ピートモスを減らしてパーライトを増やす。

夏の配合

夏に鉢替えをする場合の配合。夏の蒸し暑い時期は土の排水性をよくする。堆肥はくさりやすいので入れない。

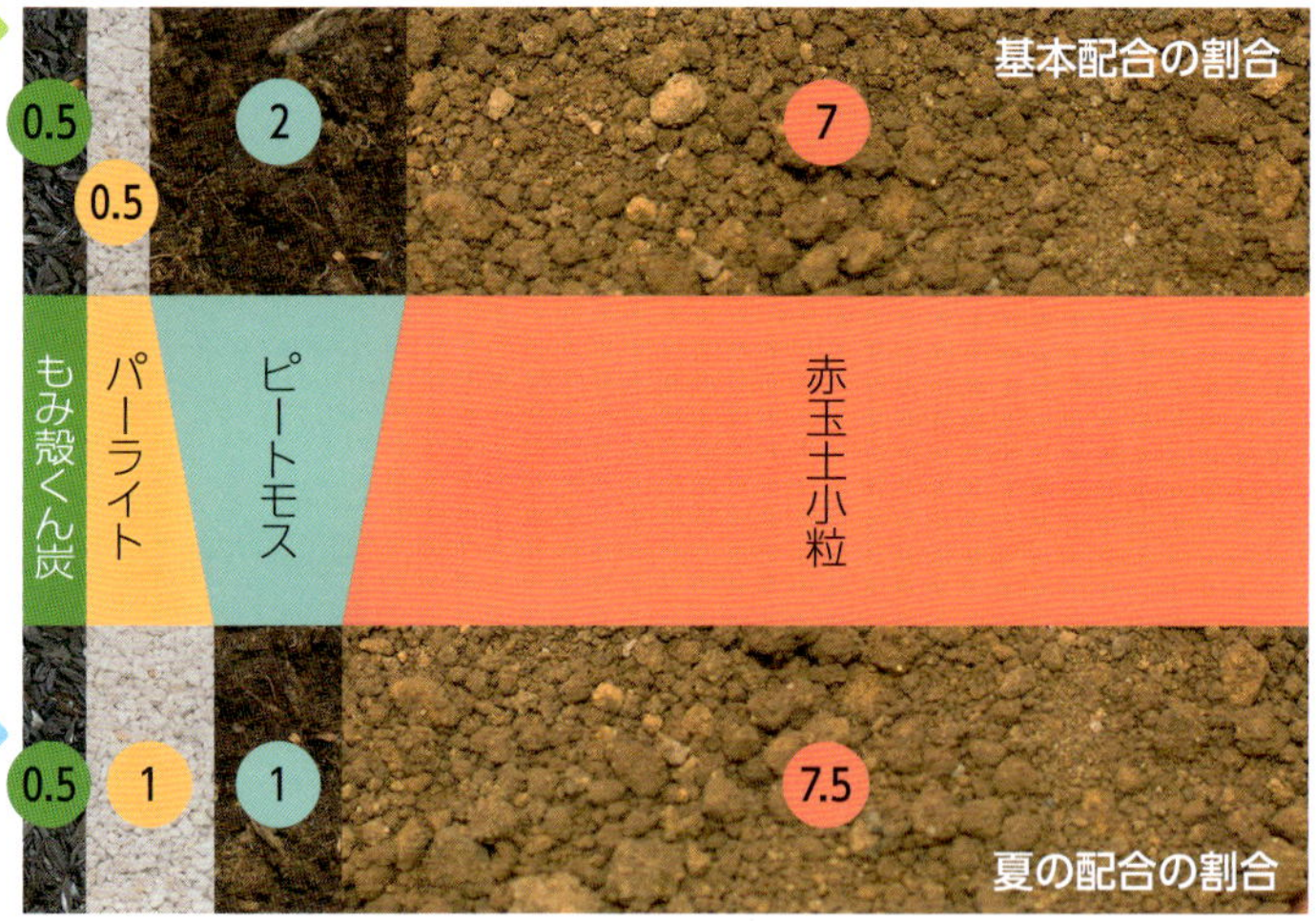

◀アプリコット ドリフト

Point

ピートモスの使い方

市販のピートモスは繊維がこまかく撥水性が強いため、乾いたまま使うと水をかけたときに流れてしまうことがあります。1日水につけて、しっかり水分を吸わせてから使いましょう。

ピートモス▶

鉢は機能性を考えて選ぶ

園芸用の鉢はデザインが豊富ですが、バラの栽培用に選ぶなら、倒れにくい寸胴型やバケツ型の中深鉢がおすすめです。素材もざまざまですが、素焼き鉢や駄温鉢のように、鉢壁が吸水しやすく通気性がよいものは、土が乾きやすくなるため、乾燥が苦手なバラには注意が必要です。また、鉢を移動させることを考えると、重すぎないというのもポイントです。

黒い鉢は熱を吸収するため春の成長はよいですが、夏に使用すると、鉢内の温度が上がり、バラにはきびしい環境となります。夏は鉢選びだけでなく、鉢を遮光したり、日陰に移動させるなどの工夫も大切です。

場合によっては、鉢の特性とバラの状態によって土を変える必要もあります。土が乾きにくい鉢は赤玉土やピートモスを減らし、水はけがよすぎるときは逆に増やすなど。置く場所や、水やりができる回数などを考え、いろいろな鉢を試してみましょう。

鉢の大きさと号数

日本では、鉢の大きさを「5号鉢」のように「号数」で表します。これは鉢口の直径のことで、1号＝約3㎝（1寸）ですから、5号鉢の直径は約15㎝ということになります。かつては長さの単位が「寸」「尺」だったため、5号鉢を「5寸鉢」、10号鉢を「尺鉢」と呼ぶこともあります。外国製の輸入鉢の場合は、㎝で表されます。

※ 土の量は一般的な素焼き鉢に入る量です。鉢の形や深さによっても量は異なります。

種 類	直 径	土の量
3号鉢	9㎝	0.3ℓ
4号鉢	12㎝	0.6ℓ
5号鉢	15㎝	1.3ℓ
6号鉢	18㎝	2.2ℓ
7号鉢	21㎝	3.5ℓ
8号鉢	24㎝	5.1ℓ
9号鉢	27㎝	7.3ℓ
10号鉢	30㎝	8.4ℓ

いろいろなタイプの鉢

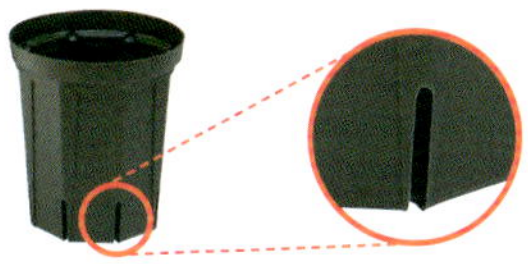

縦にスリットが入っている鉢は、水が流れやすいため、水やりに注意する。

オススメ プラスチック製の鉢

バラ栽培には、バケツ型か寸胴型で縦長の鉢が倒れにくく、おすすめ。ベランダなどに置くときには、割れにくい素材であることも大切。

合成樹脂の鉢

写真のものはポリプロピレン製。色、デザインが豊富なので、選ぶ楽しみがある。

軽量耐久鉢

グラスファイバー製で、非常に軽く持ち運びによい。

陶製の鉢

比較的水もちがよいため、水のやりすぎに注意が必要。

素焼き鉢

輸入鉢は底穴が小さいものも多い。その場合は自分で穴を開けるとよい。冬期の凍結で割れないものにする。

春に行う 新苗の鉢替え

新苗は、3月下旬～7月ごろまで流通する苗です。新苗の鉢上げは根鉢をくずさないのがポイントです。また根が乾かないよう手早く作業することも大切です。手順を確認してから作業するとよいでしょう。

新苗の鉢替え

1 底土の高さをチェックする

鉢の中に鉢底用の土を入れたら、ポット苗を置き、高さを確認する。ポット苗の土の高さが鉢の内側のラインより2～3cm下の位置が目安。苗は必ずつぎ口より下を持つ。

準備するもの

- ポリポット入りの新苗（ウエディングベルズ）Ⓐ
- 鉢替え用の6号鉢 Ⓑ
- 鉢替え用の土
  - 赤玉土小粒／7割
  - ピートモス／2割
  - パーライト／0.5割
  - もみ殻くん炭／0.5割

MEMO　よく混ぜておく。元気な苗なら、ピートモスの代わりに堆肥0.5を入れ、パーライトを0.5、赤玉土小粒を1増やす。

- 鉢底用の赤玉土大粒

2 苗をポットから抜く

根鉢をくずすと根を傷めるてしまうので、くずさないように注意して苗を抜く。

Point
指の間に苗の茎をはさみ、そのままポットごと逆さまにする。ポットを引くようにして苗を外す。

苗の根鉢はくずさずに作業する

新苗の鉢替えは、その地域のソメイヨシノが開花したあとに行います。バラの苗は根を乾燥させないことがポイント。手早く作業できるよう、用土は事前によく混ぜておきましょう。また、ピートモスが多くなると根ぐされを起こすことがあるので、多くても2割までの配合にします。成育期でもあるため、苗の根鉢をくずさないようにすることも大切です。

鉢替え後は日当たりのよいところで管理し、土の表面が乾いてからたっぷりと水を与えます。水やりは早朝を避けて午前中に行いましょう。日中は水分を保ち、翌日には乾く状態が理想です。土の乾き具合で、朝昼2回に分けてやる場合もあります。朝昼の水やりができない人は、水もちのよい鉢や大きな鉢に変えるなど工夫します。

3 苗を置き土を入れる

苗を鉢の中心に置き、あらかじめブレンドしておいた鉢替え用の土を、鉢口から２～３㎝下の位置まで入れる。

Point

つぎ口は必ず土の上に出しておく。鉢を持ち上げてトントンしたりする必要はない。

4 たっぷり水をやる

ピートモスが水を吸って、底から水が流れ出るまで、ゆっくりとたっぷり与える。流れ出る水ににごりがなくなるまで、数回くり返す。

完成

鉢替え後はよく日の当たる場所に置き、鉢土の表面が乾いたら、たっぷりと水を与える。葉には水をかけないようにする。

Point 鉢替え・鉢上げの際の水やりのコツ

苗や株を新しい鉢に移したあとは、たっぷりと水を与えます。目安は、鉢底から流れる水ににごりがなくなるまで。鉢底からにごりのない水が出るようになれば、こまかくくだけた土が流れきった証拠です。中途半端なやり方では、鉢底にこまかい土がたまり、水はけが悪くなるなどの原因になります。これはバラのあらゆる鉢替え・鉢上げに共通した水やりの方法です。

バラマイスター鈴木の とっておきレクチャー

最初から大きすぎる鉢は苗を過保護にしてしまいます

ポリポットの新苗からバラ栽培をスタートする場合は、まず５号～６号鉢に鉢替えします。その後は、適宜、２号ずつ大きい鉢に植え替えていくのがよいでしょう。

苗や株が小さいころから大きな鉢に植えてしまうと、根が水分を吸収しきれず、鉢の中はつねに過湿状態となります。そのため、根は水分を得るために自ら伸びる必要がなくなります。エネルギーを使わなくても水をもらえる「過保護」な状態ということです。

水分があっても、根が伸びなければ株は順調に成長しません。株の状態、成長過程に適した鉢の大きさを考えましょう。

秋に行う大苗の植えつけ

大苗は、9月下旬～3月ごろまで流通します。大苗を扱うときは根が乾燥しないように注意しましょう。とくに裸苗の場合は、事前の準備をしっかりして、手早く植えつけることが大切です。

冬までに根が張る秋の作業がおすすめ

大苗は秋から冬の間に流通しますが、冬の寒さに耐えられる株にするには、9月下旬～10月中の植えつけがおすすめです。暖冬であれば11月中旬ごろまでです。

秋に植えつけた大苗は、冬がくる前に根を張り、新芽を伸ばします。重要なのは、伸びた芽や枝は冬の剪定時期まで切らないようにすること。葉もつけたままにします。ただし、つぼみがついた場合は、つぼみだけを摘み取ります。

植えつける鉢は、小さすぎると土が乾きやすくなるので、8号程度がおすすめです。ポット植えのもので芽が伸びていない苗は根鉢をくずして植えます。芽が伸びている苗は新根も張っているので、新苗と同様に、根鉢をくずさないように植えます。

Aは状態のよい苗。Bは掘り上げるときに根が切れてしまった状態の悪い苗。

根の状態が悪い場合の植えつけ

裸苗の大苗は根が見えるので、根の状態によって土の配合を変えましょう。赤玉土がなければ鹿沼土などの手持ちの土でもよいのですが、基本は清潔な土を使うことです。根の状態が悪い場合には、堆肥や腐葉土は入れません。堆肥や腐葉土のような有機物は雑菌を持っていて、根の成長を妨げることがあるからです。もみ殻くん炭やパーライトで水はけをよくします。

- 根の状態がよくない苗の土

赤玉土小粒 7.5／ピートモス 0.5／もみ殻くん炭 1
パーライト 1／ゼオライト少々

大苗の植えつけ

準備するもの

大苗（フラウホレ）

植えつけ用の8号鉢

MEMO　鉢底が隠れる程度に、赤玉土大粒を入れておく。

植えつけ用の土

- 赤玉土小粒／7.5割
- ピートモス／1.5割
- 堆肥／0.5割
- もみ殻くん炭／0.5割

MEMO　ピートモスは前もって湿らせておき、すべての土をまんべんなく混ぜておく。ピートモスがなければベラボン、ココピートなどでもよい。

1 土を入れ苗を置く

赤玉土大粒を入れた鉢に、植えつけ用の土を少し山型に盛るように入れ、苗の根を広げて山にかぶせるようにして鉢の中心に置く。

2 残りの土を入れる

根が持ち上がらないように苗をしっかり押さえながら、少しずつ土を入れる。

3 根のすき間をうめる

土を竹棒などで突くと、すき間があるところに土が流れる。根と土を密着させるため、すき間をうめるように竹棒を突いて土を流し込む。

Point
根もとはとくにすき間ができやすい。根を傷つけないように注意しながら、竹棒で突く。

4 剪定する

枝は株元から20 ～ 25㎝の高さを目安に、芽の５㎜ほど上で切りそろえる。短かく切りすぎると、枝の養分が少なくなり元気な芽が出てこない。

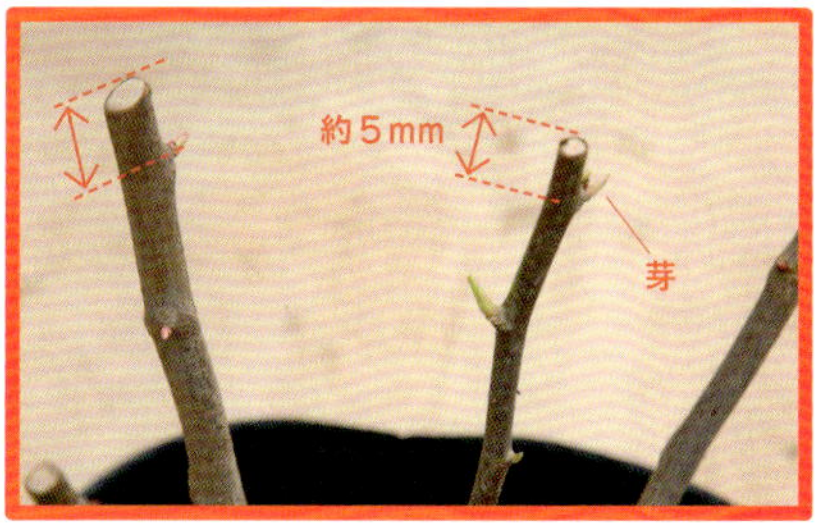

Point
切る位置は芽の５㎜程度上。

5 たっぷり水をやる

鉢底から水が流れるように、たっぷりと与える（➡P93）。天気のよい日は乾燥を防ぐために枝の上からも水をかける。気温が低い日は枝にかけるのは避ける。

1カ月後

２月下旬の鉢上げから１カ月後の３月下旬の様子。左がよい状態の苗だったもの。新芽がどんどん伸びている。

2カ月半後

５月上旬の様子。苗の状態がよかったものは80 ～ 90㎝ほどの高さに（写真左）。苗の状態が悪かったものでも、枝が伸び葉もたくさんついている（写真右）。

Lesson 3

鉢植えで育てる❹

丈夫な鉢植えに育てる 鉢替え後の管理

鉢植えは土の量が限られているうえに、水やりで肥料分が流れてしまうので、定期的に追肥を与える必要があります。また、生育にあわせて鉢や土を植え替えることも、丈夫な株を育てるための大切な作業です。

鉢替え後の管理 ❶ 新苗・大苗の追肥

追肥は、固形の油かすを毎月１回置き肥します。関東では３月から、寒冷地なら新芽が動いてから、10月ごろまで与えます。真夏の８月は控えます。新苗は鉢上げから１カ月後、大苗は、鉢上げ後に出た新芽が１㎝以上伸びてから与えはじめます。

Point
固形肥料は、毎回少しずつ位置をずらして置いていく。

追肥のポイント 1
鉢土のすみに毎回場所をずらして置いていく。枝の状態をみながら、勢いの弱い枝の近くに置いてもよい。油かすは、使う前に水にぬらす。

追肥のポイント 2
竹で手作りした置き肥容器。中に水で練った油かすを入れておくと、肥料が一気に溶け出すのを防げる。

追肥のポイント 3
直径2.5㎝の油かす。与える量は、5号～6号鉢は1回に2個、7号 ～ 8号 鉢 は3個、10号鉢は５個程度が目安。

鉢替え後の管理 ❷ 新苗・大苗の鉢替え

鉢替えでは、鉢のサイズを２まわりずつ大きくしていくのがおすすめ。

新苗の鉢替え

1 夏の用土にして鉢替えをする

４月に鉢替えした新苗は、７月下旬に６号鉢から８号のポリポットへ植え替える。大きく育ったら再度、土を替えるため簡易鉢でよい。つぎ口部分のテープはつけたままにしておく。夏は根ぐされや、病気を発生しやすいので、春の土よりも有機物を減らし、８月は追肥も止める。

2 日当たりよく管理する

苗を抜くときには、苗を片手で持ち、縁を軽くたたくと抜きやすい。根鉢をくずさないように注意する。植え替え後は、葉にかからないようにたっぷり水を与え、日当たりのよい場所で管理する。梅雨時は明るい場所で、梅雨明け後は西日を避け朝日が当たる場所がよい。

▶ウエディング ベルズ

大苗の鉢替え

1 株が大きくなってきたら鉢替えをする

株が大きくなってきたら、鉢替えをする。６号鉢から８号鉢へ植え替える。新しい鉢の底にはゴロ土を入れたあと、鉢替え用の土を入れる。鉢から抜き出した苗は根鉢をくずさずに植え替える。

2 たっぷりと水をやる

植え替え後は、葉にはかからないように、たっぷりと水をやる（➡P93）。その後は、日当たりのよい場所に置いて管理する。

◀プチ トリアノン

鉢替え後の管理 ❸成木の土替え

1 株を抜き出す

バラの株を土ごと抜き出す。鉢を少し傾けて縁をたたくと外しやすい。

2 古い土をくずす

根かきなどを使って古い土を縦にくずす。黒くなった古い根は切ってもかまわない。

3 根鉢を半分にする

古い土、古い根を取り去り、根鉢を半分程度にした状態。

成木は、８号以上の大きい鉢ならば、毎年土を入れ替える必要はありません。品種によっても異なりますが、10年近く土を替えなくても元気なものもあります。一般的には２～３年経つとピートモスや追肥などの有機物が分解して根づまりを起こし、水はけが悪くなるため、新しい土に入れ替えます。適期は厳冬期を過ぎた２月。剪定と一緒に行ってもかまいません。古い鉢土を半分くらい落とし、新しいものと入れ替えます。土をすべて落とすと枯れるリスクが高くなります。さし木で大きくなった「さし木株」と台木の根で生きている「つぎ木株」では、用土の配合割合を変えます。

準備するもの

土替えする鉢植え
（ホーム&ガーデン）

つぎ木株の土
- 赤玉土小粒／8割
- ピートモス／0.5割
- パーライト／１割
- もみ殻くん炭／0.5割

さし木株の土
- 赤玉土小粒／7.5割
- ピートモス／1.5割
- パーライト／１割
- もみ殻くん炭／0.5割

MEMO　土はすべて混ぜ合わせておく。

根かき
MEMO
固くなった鉢土をくずす道具。大工道具のバールを使ってもよい。

4 ゴロ土を入れ株を置く

鉢底にゴロ土（大粒の赤玉土など）を入れてから少量の土を山型にし、その上に株をすえるように置く。

5 新しい土を入れる

混ぜ合わせておいた土を全体に入れる。竹棒を突いて根の間などのすき間にも土を入れ込む。

6 全体に土を入れる

土を入れた状態。

7 水をやる

水をたっぷり与える。パーライトは軽いため水圧で一方に寄ってしまいがちだが、そうならないように均等に水をやる。

成長の様子（春）

５月上旬、たくさんの花枝が伸びてきて満開を待つ。鉢替えにより土に空気が入って根が元気になると枝や葉、花も勢いがよくなる。

その後の作業リスト
鉢植えバラ

2月	冬剪定	➡ P148
3月	わき芽かき	➡ P134
3月 ～ 11月	病気と害虫の防除	➡ P188
5月 ～ 9月	ベーサルシュートのピンチ	➡ P130
5月 ～ 8月	花がら切り	➡ P138
9月上旬	夏の剪定	➡ P142
12月中旬 ～ 1月中旬	つるバラの剪定と誘引	➡ P168

鉢替え後の管理 ❹ 水やり

鉢植えの株は１年を通し水やりを行います。鉢土の表面が乾いたら、冬から春は晴れた日の気温が上がる10時～ 12時を目安に、鉢底から水が流れ出るまでたっぷり与えます。夏は土の乾き具合を見ながら、朝と夕方の２回与えます。葉に水がかからないようにしましょう。

環境にあう品種を選ぶ ベランダの鉢植え

ベランダでバラを楽しむには、ベランダにあう品種を選ぶこと。東向きで朝日が当たる、南向きで冬も暖かい、開放的なフェンスでよく日が当たる、コンクリートの壁で風が通らないなど環境もさまざまです。

ベランダの環境を確認して品種を選ぶ

バラは病気も多く、栽培がむずかしいと思われている植物のひとつでしょう。しかし、今ではベランダでも十分栽培することができる品種がたくさんあります。

たとえば、フロリバンダ系の「ノックアウト」は、暑さや乾燥に強く、10年近く鉢替えをしなくても元気に育つ品種です。オールド・ローズの「オールド ブラッシュ」などは、日陰に強くコンパクトな樹形を保つ品種のためベランダに適しています。「ファースト インプレッション」のようにトゲが少ない品種もせまいスペースでは扱いやすいでしょう。風の強いベランダでも、トゲで株同士が傷つくことを避けられます。ベランダ栽培では、薬剤散布ができないことも多いため、耐病性のある品種を選ぶのがおすすめです。

ベランダ向きの品種

ベランダ栽培には、薬剤散布が不要な耐病性のあるもの、植え替えをしなくても長く育つもの、せまいスペースでも管理しやすいコンパクトな樹形のものがおすすめ。

〈ハイブリッド・ティー系〉
ウエディング ベルズ→P60　マイ ガーデン→P62

〈フロリバンダ系〉
うらら→P71　ジークフリート→P61　プチ トリアノン→P69
フレグラントアプリコット→P65
ボレロ→P59　ユリイカ→P65

〈モダンシュラブ系〉ホーム&ガーデン→P64　ピンク ドリフト→P70

〈オールド・ローズ系〉
スヴニール ドゥ ラ マルメゾン→P67　レディ ヒリンドン

〈ミニチュア系〉ファースト インプレッション→P75

〈つるバラ〉エンジェル ハート

▲ダブル ノック アウト

Point

ベランダはここに注意

ベランダ用の鉢は軽くて割れにくく、土が乾きにくいものがよいでしょう。ベランダでは、階下や道路にハンギングの鉢や水やりの水が落ちないよう配慮が必要です。トゲのない品種がおすすめですが、トゲがある品種は取ってしまっても問題ありません。

バラマイスター鈴木の とっておきレクチャー

鉢植えが乾燥でしおれてしまったら…

水やりを忘れたり、水やりが十分でないと、乾燥によって株がしおれてしまうことがあります。そのような状態になった場合は、すぐにたっぷりの水を与えます。葉にも水をかけてぬらしてやりましょう。その後、風のあたらない日陰に置きます。元気になったら元の場所に移しましょう。手頃な日陰がないときには、鉢ごと段ボールなどをかぶせておくと、風よけにもなり、葉からの蒸散を抑えられるので回復しやすくなります。

なかなか元気にならないときは、樹高を半分程度に切りつめてから水をたっぷり与え、その後は水やりを少なめにして様子をみてください。

土のリサイクル

鉢替えや土替えなどで不要になった古い土は、バラ以外の草花用の土にリサイクルが可能です。古い土は水はけが悪くなっているため、ピートモスと赤玉土を追加して排水をよくします。病気が出てしまった土は熱を加えてから使用します。熱処理の方法には次のようなものがあります。

❶ 熱湯を注ぎ、ビニールでおおっておく。
❷ 夏であれば黒いビニール袋に入れて、太陽光に１週間ほどさらす。

ただし、化成肥料や牛糞堆肥をたくさん加えていた土は、EC（電気伝導度）が高くなっています。これは土の塩分濃度が高くなっている状態で、そのままでは植物が育たない土といえます。新しい用土に少しずつ加えて使うとよいでしょう。土の処分が容易でない環境の人は、普段から化成肥料を使わず、堆肥も抑えぎみにしておくとよいでしょう。

ベランダでのバラ栽培のコツ

コンクリートのベランダは、たいてい夏は暑く冬は寒く乾燥しやすいという、バラにとってはきびしい環境になります。ベランダ栽培では、暑さ、寒さ、風対策など、バラが過ごしやすい条件をつくりだす工夫も必要です。

暑さ対策

❶白やクリーム色など、太陽光を反射する色の鉢を使う。
❷鉢はレンガやすのこなどの上に置き、レンガやすのこにも水をかけて冷やす。
❸真夏の午後は、ヨシズ、園芸用のシート、寒冷紗などで遮光した場所に置く。

寒さ対策

❶熱を吸収しやすい黒い鉢や暖色系の色の鉢を使う。
❷鉢植えのまま、ひとまわり大きな黒い鉢にすっぽり入れて二重鉢にする。

風対策

❶台風などの強風が予想されるときは、ひもなどで枝をひとつにまとめておく。
❷風を除けられる場所に移動させる。
❸「恋心」「シャルル ドゥ ゴール」など風でしおれやすい品種を避ける。

もっと知りたい！

鉢植えのQ&A

ブラッシング ノック アウト

ピンク ダブル ノック アウト

ローブリッター

ボレロ

Q
鉢でバラを育てたいのですが、どんな品種を選んだらよいですか？

A　鉢植えで栽培するなら、植え替えしなくても長く咲き続けるような品種を選びましょう。「ノック アウトシリーズ」「ボレロ」「アイスバーグ」「ローブリッター」「バフ ビューティ」「アライブ」「マイ ガーデン」などがおすすめです。

　バラにはシュート更新する品種としない品種があり、シュート更新をほとんどしない、または少ししかしない品種は枝の寿命が長く、ベーサルシュートが肥大しながら成長していきます。こういう品種は成長がゆっくりで、毎年鉢替えする必要もなく、なかには10年近く同じ土で元気に育つものもあります。

　一方、シュート更新するバラは、ベーサルシュートのピンチや枯れた枝の除去といった作業が多くなります。ひんぱんに手をかけられるならよいですが、あまり手をかけられないという人は、鉢植えに限らず、シュート更新しないものを選ぶのも一法です。

Q
ベランダに置く鉢は、どんな素材が適していますか？

A　プラスチック製のような、軽くて丈夫な鉢が適しています。寸胴型は、鉢が安定しやすい形でおすすめです。

　素焼きやテラコッタの鉢は土が乾きやすいので、まめに水やりができればよいですが、留守がちな人、忙しい人は避けます。夕方帰宅したとき、あるいは翌日の水やりまで土が乾かない程度に水もちのよい材質の鉢を選ぶようにします。

　土の乾き方は鉢の置き場所や用土によっても変わります。赤玉土やピートモスの分量を加減して、水もちや乾きやすさを観察してみるのもひとつの方法です。いろいろ試してみて、自分の管理のやり方にあった大きさや素材の鉢を探しましょう。

Q
鉢バラの水やりは、朝と晩、どちらが適していますか？

A　季節によって異なります。冬は暖かい午前中に、夏は涼しい朝夕、秋と春は暖かい日中にやりましょう。バラは、急激な温度変化や湿度の変化にあうと、株の状態によっては病気が出ることがあります。湿度や温度の変化に関係なく自分の都合で水をかけてしまうと、病気が出る条件を自らつくってしまうことになるのです。

　とくに、日によって寒暖の差が大きい春先や秋口などはバラにとっては怖い時期ですので、注意しましょう。朝、水やりをする前に、その日の気象条件がどう変化するか予測し、雨が降り気温が下がりそうなときには水やりを控えるなど、気配りが必要です。

Q

大苗のロングポット苗を購入し鉢で育てたいと思います。鉢替えの際の注意点はありますか？

A 大苗のスタートはハイブリット・ティーやフロリバンダなら８号鉢程度、ミニバラなら６号鉢程度が目安です。鉢が大きすぎると水管理がむずかしくなります。植え替えは、生育期であれば根鉢をくずさないように行います。休眠期や芽が伸び始める初春ごろであれば、半分ほど土を落としても大丈夫です。

１月～２月の厳冬期に鉢替えしたときには、植え替え後に、写真のように鉢ごと不織布などですっぽりと覆って防寒しておきます。不織布は保温だけではなく、適度な湿度も保つ効果があります。湿度があると鉢内が凍る可能性もありますが、覆いがあることでゆっくり解凍されるので問題ありません。

鉢全体を不織布で覆うようにする。不織布の変わりに、上下が開いているダンボールをかぶせてもよい。

Q

鉢植えのバラが真夏に葉を落としてしまいました。どうしてでしょうか？

A 暑さに弱い品種か、病気では黒星病、害虫ではダニが考えられます。暑さに弱い品種は、関東では７月に入るとすぐに判別できます。暑さで成長が止まり、病斑がないのに下葉から落葉するので、涼しい場所に移動するか、暑さに強い品種に植え替えましょう。黒星病は、気温20～25℃くらいになると胞子を飛ばして感染を広げるといわれています。地面に落ちた葉の上で生きのこっている菌や胞子が、はね返った雨粒といっしょに葉につくと急速に広がります。普段から防除対策をしておきましょう（➡P193）。ダニは見つけしだい指先でつぶすか、防除します（➡P198）。

病害虫の防除のために、できれば鉢植えは、雨が当たらないようにするのが最適です。

Q

花が咲いているバラの鉢植えを買いました。鉢を替えずにこのまま育てていても大丈夫ですか？

A 美しく咲きそろったバラの鉢植えは豪華で見事ですが、残念ながら、そのうちに咲かなくなってしまう鉢が圧倒的に多いものです。多くは水や肥料のやりすぎ、病害虫の被害などが原因です。有機質肥料を使わず、液肥や化成肥料ばかり施されてきた場合は、成育に必要な微量要素が足りないために弱ってしまうことがあります。

また、流通している苗や株は一般に小さめの６号鉢で管理されていることが多く、根づまりを起こしている可能性もあります。ミニバラでも大きめに育つものでは8号鉢程度は必要です。購入後は鉢を大きいものに替えましょう。生育期であれば、根鉢をくずさずにそのまま植え替えます。休眠期であれば、鉢土を２割くらいとって新しい、通気性のよい土を補充します。追肥も有機質の肥料をやるようにします（➡P96）。

ときには鉢向きでない品種のこともありますので、買う前に鉢向きの品種かどうかを確認することも大事です。

大切なことは3つ 庭植えバラの環境

バラを庭に植えるときには、日当たりや風通しがよく、水はけのよい場所を選ぶことが大切です。バラをきれいに咲かせるために、植えつけ場所の環境を整えるようにしましょう。

日当たり、風通し、水はけがポイント

バラは日当たりや風通しが悪い環境だと、病気が出やすくなります。黒星病やうどんこ病などの病気に強い品種は多くなっていますが、それでも病気や害虫の被害を抑えることが、バラをきれいに咲かせる一番大切なポイントです。

水はけが悪い庭は、地下水の位置が高い、土の粒子がこまかすぎる(単粒構造)、粘土質の土壌である、などが考えられます。バラに限らず植物は、ごくこまかい土が有機物でつながり団子状の粒子になっている団粒構造の土を好みます。場合によっては土壌改良も必要でしょう。

バラと一緒に庭に植える植物もバラの生育に影響します。肥料を多く取る植物や、バラと同じ病気や害虫を持つものなどは避けることが大切です(⬇P76)。

よい環境づくり　日当たり、風通し

●日の当たる場所に植える

できれば半日、最低でも午前中は日が当たる場所を選ぶようにします。

●バラを密植しない

枝が横に広がりやすい品種か、直立するように上に伸びる品種か、品種の特徴を知って、植えつけの際に周囲との間隔を考えます。せまい場所に多くの株を植えると、バラにとってもきゅうくつで、手入れも行き届かなくなってしまいます。

よい環境づくり　水はけ

●地下水位が高い土地は上げ床でカバーする

もともと地下水位が高い庭の場合は、バラを植える場所に上げ床（高畝）をつくっておくとよいでしょう。上げ床は、レンガや石を重ねて花壇をつくり、その中に土を入れることで簡単につくれます。地面から20～30㎝ほど高くすれば、十分、効果があります。

レンガを重ねた中に土を入れ、上げ床にして苗を植える。

Point

庭の環境が整わないとき

なかなか条件のよい庭づくりができないときは、品種選びである程度、庭の欠点をカバーすることもできます。初心者の場合は、うどんこ病や黒星病などの病気に強い品種を選ぶようにしましょう（➡P58）。

建物の日陰になりやすいところでは「サマー メモリーズ」「ピエール ドゥ ロンサール」など、比較的日陰でも元気に育つ品種を選びます（➡P62）。冬に比較的寒くなるところでは寒さに強いもの（➡P66）、南向きで暑さがきびしいのなら暑さに強い品種がおすすめです（➡P64）。

バラマイスター鈴木の とっておきレクチャー

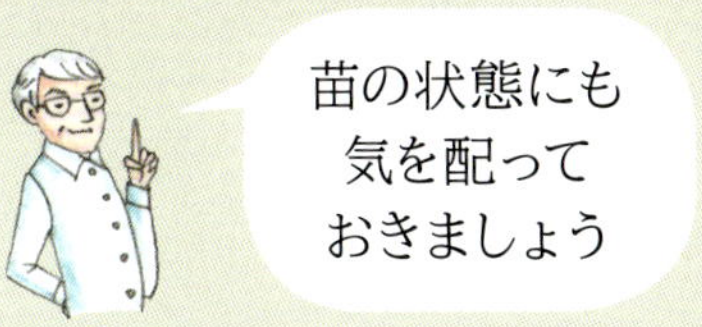

庭の環境を整えても、苗の状態がよくないと生育は悪くなります。とくに裸苗は乾燥が大敵。裸苗を水で洗う人もいるようですが、根を水で洗うと乾きやすくなり逆効果です。また、ひと晩水につけておくという人もいますが、このようなことをすると枝まで水が入り、植えつけ後に組織の中の水が凍結と乾燥をくり返し、やがて凍み大根のようになり枯れてしまいます。

輸入苗は植物検疫の関係で土をすべて落として入ってくるので、とくに乾きやすく、また傷ついていることがあります。そんな苗には、根を粘土（自然界にある粘っこい土）に浸してコーティングする方法を試してみましょう。毛根の少ない輸入苗の場合はとくに有効で、根の傷を癒やす効果もあります。

❶水を加えて粘土をドロドロの状態になるまで溶かす。目安はパンケーキの種ぐらいの固さ。

❷溶かした粘土のなかに苗の根を、つぎ口の下まで、１分程度つける。

❸細い根まで粘土でコーティングされたようになるのでそのまま植えつける。

●日陰をつくらない

日陰ができてしまうため、バラの周囲には丈の高い草花や葉つきのよい庭木を植えないようにしましょう。バラの足下に草花を植える場合も、バラの根もとが完全にかくれてしまわないように、草丈があまり高くならないものを選び、植える位置にも注意しましょう。

●細かくなりすぎた土を団粒構造の土にする

団粒構造の土は、土壌の有機物が分解してなくなってしまったり、耕耘機でくり返し耕したり、土の乾燥などによって失われます。土の粒子がこまかすぎてしまうと、水はけが悪くなります。そのような場所は、完熟堆肥、腐葉土、ピートモスなどの有機物を入れて土が団粒構造になるよう改良しましょう（➡P38）。

春から育ててきた鉢植え株の植えつけ

春に鉢替えを行った新苗（⬇P92）を、暑さがやわらぐ9月に庭へ下ろす方法です。花を楽しんだあとの鉢植え株を庭に植えつけるときも、この時期であれば同じ手順で行うことができます。

庭への植えつけ

準備するもの

鉢植え株（ウエディング ベルズ）

元肥

- 馬糞堆肥／5ℓ
- ツムランド／50g
- 万次郎（ぼかし肥）／100g

MEMO　万次郎が手に入らなければ、油かす100gと骨粉100gでよい。肥料は、普通200〜300g入れるが、気温が高い時期は半分以下がよい。

敷わら

もみ殻くん炭

新しい赤土

MEMO　土を入れ替える場合は前もって用意する。植木があった場所のあとに植えるときなどは、新しい土に入れ替えるとよい。

1 穴を掘る

穴の大きさは直径45㎝、深さ45㎝ほど。底土をよく耕しておく。

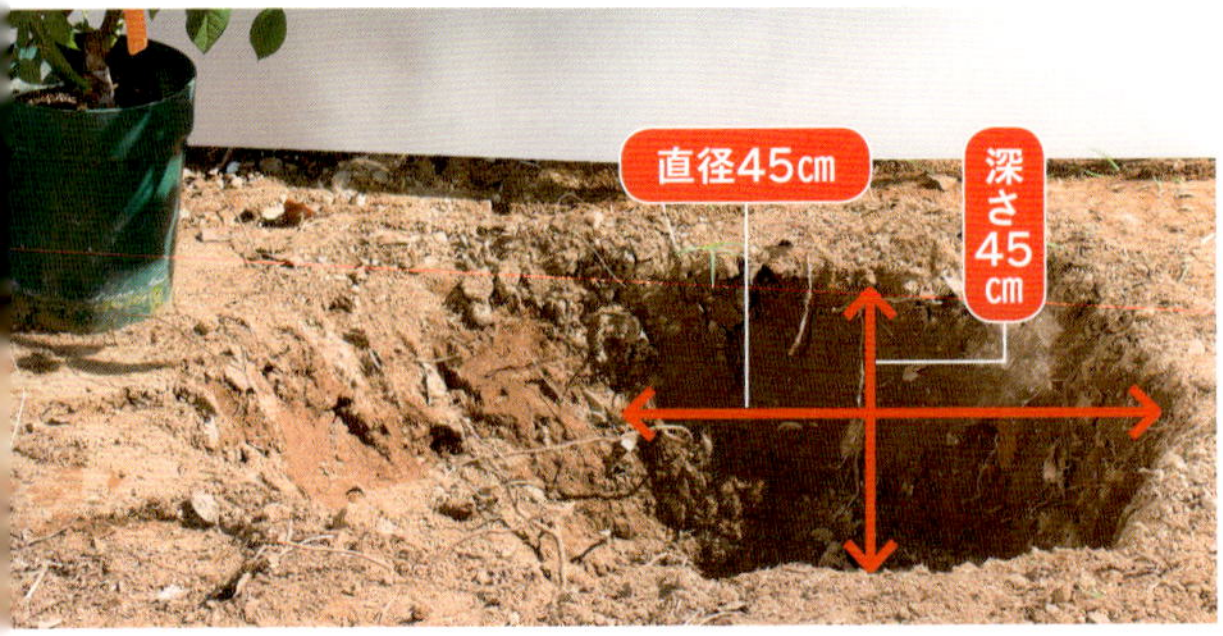

2 元肥を入れる

元肥として馬糞堆肥、ツムランド、万次郎を投入し、穴の中で土を混ぜ合わせる。壁の土をけずり取って底を広げながら混ぜると、耕したような効果が出る。

3 元肥を覆う

新しい赤土を投入して、元肥を覆い、根が直接肥料に触れないようにする。

植えつけ後はピンチをやめ花を咲かせる

庭への植えつけは、9月中に行うのがおすすめです。バラは真夏に成長を止め、気温が下がる9月下旬ごろ再び動き出します。そのため、この時期に植えつけしておくと、冬の冬眠期前に根が張り活着するため、翌春には順調に成長をはじめます。

植えつけ後しばらくは、土が乾燥したら水を与えます。植えつけしたあとはピンチをやめます。1カ月ほどでつぼみがつくので、摘み取らずに花を咲かせます。

つぼみがついて開花の準備が整った枝は、樹皮がかたまり寒さに耐えやすくなっています。そのまま冬を越せますが、降雪地帯では霜が降りるころに防寒するとよいでしょう（⬇P109）。2月に剪定を行う（⬇P148）と、春には充実した枝を伸ばします。

4 穴の深さを調節

苗を鉢ごと置いてみて、深さを見る。鉢土の表面が地面と同じくらいの高さになるように、赤土の量で高さを調節する。

5 苗を入れて土を戻す

苗を鉢から抜いて穴の中央に置き、根が乾燥しないように手早く赤土を入れていく。根鉢はくずさない。

6 水をかける

根のまわりにまんべんなく行きわたるように水をかける。水が地面に吸い込まれなくなるまでたっぷりと与える。

7 支柱を立てる

細い竹を斜めに突き通し、深く入れて穴の壁に突きさす。苗の枝を竹に縛って固定する。

8 保温する

レーキなどを使って株の根もとの土をきれいに平らにならしてから、保温のために根のまわりにもみ殻くん炭をまき、その上に乾燥、雑草防止のため、わらをかぶせる。わらがなければ刈り取った芝生の芝を乾燥させて使ってもよい。

完成

バラマイスター鈴木の
とっておきレクチャー

バラに使う支柱は竹がおすすめです

イネ科の植物である竹は、バラと同じ病気を持っていないので、安心して使えます。竹が手に入らない場合は、バラ科以外の木の枝を使いましょう。ウメやリンゴなどバラ科のものはバラと共通の病気を持っていますので、バラ苗にその病気をうつしてしまう可能性があります。結束用のひもは、麻ひもなど時間がたつと腐ってくる素材のものを使うとよいでしょう。不要になったときにも外す手間がかかりません。人工物やシュロ縄などの場合は、あと始末が必要です。病気を予防したり、手間のかからない資材を選ぶようにするのも、バラ栽培を長く続けるコツです。

Lesson 3

庭植えで育てる③

冬の庭に植える 大苗の植えつけ

大苗の裸苗を11月～2月に、庭へ植えるときの方法です。ポイントは、肥料を根に触れさせないようにすること。また、植えつけ後は、寒さを乗りきるための防寒が必要となります。

防寒対策をしっかり行うことが大切

11月～2月は、もっとも寒さのきびしい時期で、バラは根も芽もほとんど動かずに休眠しています。この時期の植えつけは、防寒をしないと枝が凍結と乾燥を繰り返して、やがて株が枯死してしまうこともあります。

植えつけの際に施す元肥は、夏より多くします。肥料は直接、根に触れないようにするため、植え穴の中で土と混ぜておきましょう。熔成リン肥は水には溶けないため、ほかの肥料とは別に、根の近くに施します。

大苗の植えつけ

準備するもの

- **大苗**（楽園）
- **元肥**
  - 馬糞堆肥／5ℓ
  - 油かす／200g
  - 骨粉／200g
  - 硫酸カリ／50g
  - 熔成リン肥／200g

1 植え穴を掘る

穴の大きさは、直径45㎝、深さ45～50㎝くらいが目安。掘り終わったら底の土をよくほぐす。

2 元肥、熔成リン肥を入れる

元肥として馬糞堆肥、油かす、骨粉、硫酸カリを入れ、穴の中の土と混ぜる。穴を掘ったときの土を少し戻した上に熔成リン肥を入れ、土と混ぜる。その上に少量の土を戻し、根を広げて植えられるように、土を山型に盛りあげる。

ロングポットの大苗の場合

ロングポットに仮植えされた大苗は、鉢から出したら、根鉢をくずさないようにします。葉がでている苗は発根しているので、根を切らないことが大切です。植えつけの手順は、裸苗と同様です。

3 枝を剪定する

大苗はつぎ口から20～25㎝の高さで切る。固い枝を3本残して、ほかの枝を切り取る。

Point
つぎ口のテープを外す。つけたままにしておくと、成長につれて幹にくいこみ、成長を妨げることがある。

4 苗を植えつける

苗の根を広げて、山型にした土の上にすえるように置き、土を戻していく。根のまわりには、穴の底から掘り出した清潔な土をかける。

Point 穴の縁から下5㎝くらいまで土を入れたら、根もとを軽く踏んで固める。

5 水をかける

3～4回に分けて、たっぷりとやる。バケツなら20ℓくらいかけてもよい。

6 支柱を立てる

水が引いたら残りの土を戻し、株を固定するため支柱を立てる。支柱を縛るひもは麻ひもや紙ひもなど腐るものを使う。

Point
支柱は斜めにさし、穴の壁に突きさす。枝と支柱を縛りつける。

7 防寒する

ポールで屋根をつくり、根もとにもみ殻くん炭とワラを敷く。

屋根に不織布をかけ麻ひもで縛り、裾に重しをおいて風で飛ばされないようにする。ビニールで覆うと凍るので避ける。関東であれば、不織布は3月までかけたままでよい。

楽しみ方が広がる 苗の植えつけ

庭植えは、大苗以外にも新苗や長尺苗を植えつけることができます。植えつけのコツを覚えておきましょう。また、一度植えつけた株を別の場所に移動することを移植といいます。移植の方法も紹介します。

新苗の植えつけ

適期：4月〜6月

準備する肥料

元肥

- 馬糞堆肥／5ℓ
- 油かす／200g
- 骨粉／200g
- 硫酸カリ／50g
- 熔成リン肥／200g

植えつける場所は、なるべく日当たりと風通し、水はけのよい場所を選びましょう。手順は鉢植え株の植えつけと同様です（➡P106）。植えつけ後には、たっぷりと水をやり、その後も１カ月程度は、毎日様子を見ておきましょう。地面が乾いたら水をやります。

1 穴を掘り、土を耕す

直径40～50cm、深さ40cmほどの穴を掘り、底土を耕す。

2 元肥を入れる

馬糞堆肥、油かす、骨粉、硫酸カリを入れ、土と混ぜる。

3 土を戻す

土を少しかぶせ熔成リン肥を入れて混ぜたら、元肥を覆うように土を入れる。

4 支柱をたて苗を支える

根鉢をくずさないように苗を植えつけ、図のように支柱を立てる。こうすることで活着を早める。

つぎ口のテープはつけたまま植えつけ、株がぐらつかないように、支柱は植え穴の壁にしっかり突きさす。つぎ口より下の部分で結ぶ。

忌地《いやち》現象を避けるには

長年バラを栽培していた場所に、新しいバラを植えてもうまく育たない場合があり、多くは忌地現象のためです。忌地現象は、土壌病虫害が増加していたり、植物の生育に必要な微量要素が欠乏していたりなど、いくつかの原因で起こります。

忌地現象で生育不良になるのを避けるには、植え穴の土だけでも新しいものを使うようにするとよいでしょう。新しい土が用意できない場合は天地返しを行います。

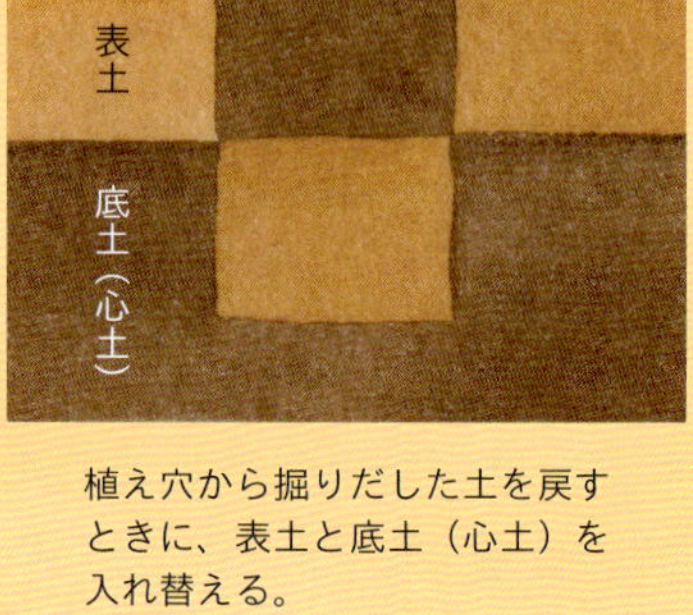

植え穴から掘りだした土を戻すときに、表土と底土（心土）を入れ替える。

長尺苗の植えつけ

適期：９月下旬～10月

つる性のオールド・ローズには、鉢に150㎝ほどの支柱を立て、枝を長く伸ばした長尺の仕立てで販売されているものがあります。

植えつけの手順は新苗の植えつけと同様です。購入時についている支柱はそのままの形で植えつけます。

12月になったら、支柱を斜めに立て直し、まっすぐだった枝を横に倒して支柱に結びます。株元にも支柱を立てます。

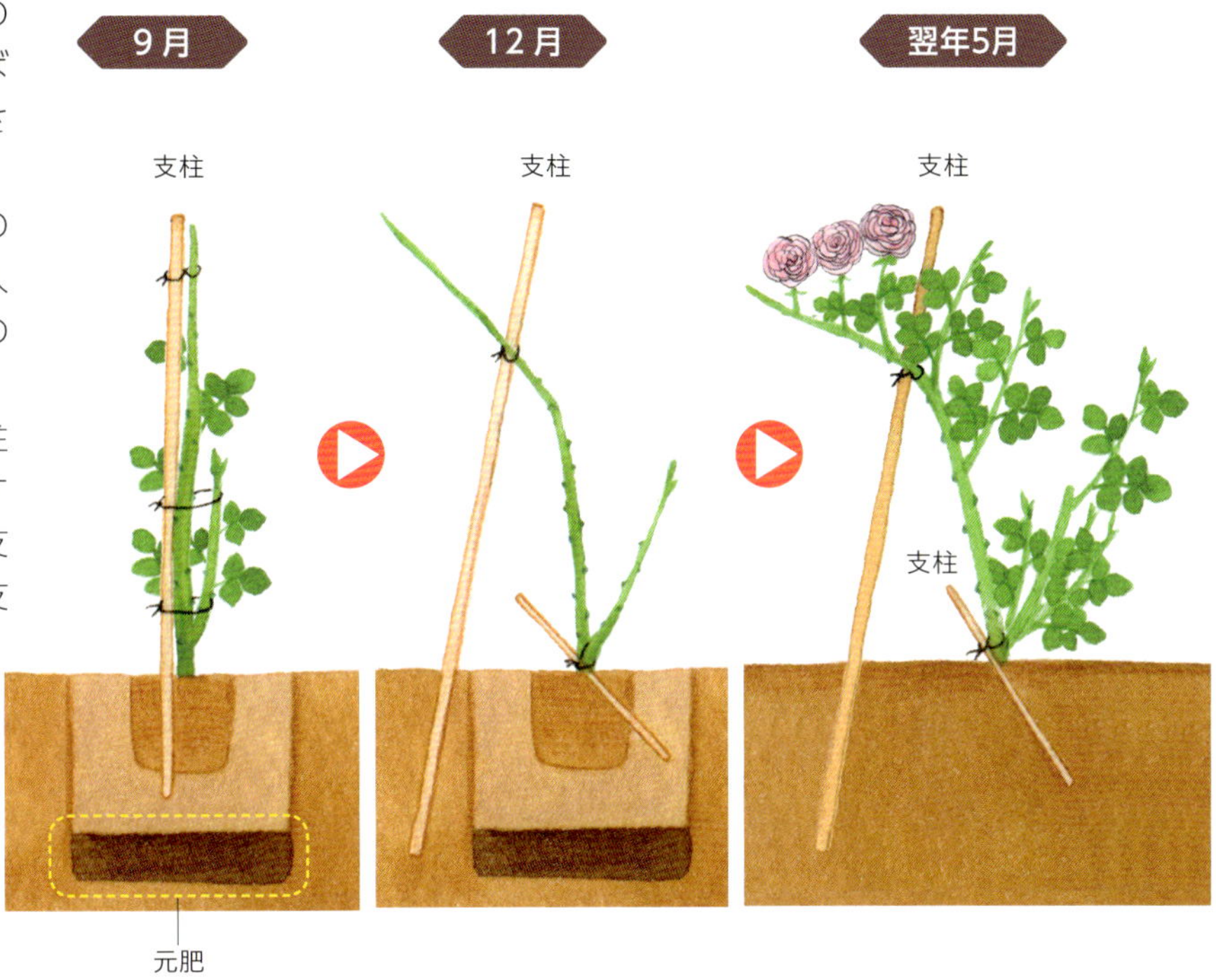

根鉢をくずさずに、新苗の植えつけと同じ肥料を元肥にする。

株の移植

適期：12月～２月下旬／最適期は２月下旬

枝を麻ひもなどでひとつにまとめ、根を傷つけないよう株の周囲をできるだけ大きく掘る。

枝の部分を不織布で覆ったまま新しい穴に植えつける。

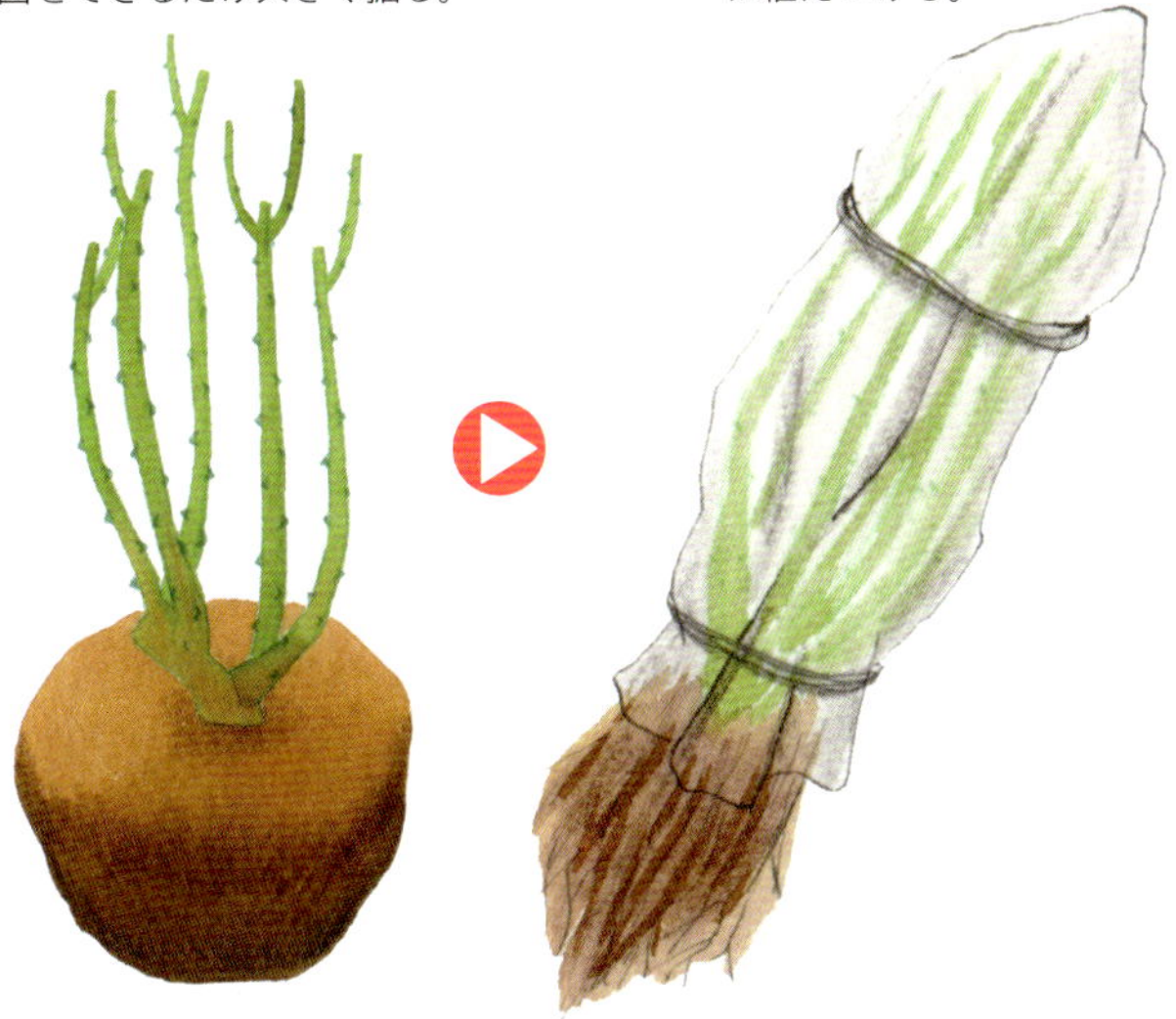

庭に植えてあるバラを別の場所に移す場合には、バラが休眠している12月から２月下旬に行います。移植する前に剪定を済ませ、作業しやすいように枝は麻ひもなどでひとつにまとめておきます。新しく植える場所には事前に穴を掘り、堆肥を5ℓ程度土と混ぜておきます。

株を掘り上げるときは、根をできるだけ多く残すように周囲を大きめに掘ります。掘り上げた株は、枝の部分を不織布で包みます。新しい穴に植えつけたあとは、たっぷりの水を与えましょう。

植えつけ後、不織布はかけたままにしておき、乾燥が続いたら、暖かい日を選んで午前中に株もとと、枝に不織布の上から水をかけます。芽が１㎝ほど伸びたら不織布を外し、寒肥と同じ要領で、寒肥の半分程度の肥料を与えます（➡P113）。

丈夫な株に育てる 庭植え後の管理

庭に植えつけたあとは定期的な水やりが必要です。乾燥や病害虫の防除のためにも、まめに株の状態を観察することが大切となります。一年を通しての管理作業も確認しておきましょう。

庭植えの水やり

庭植えのバラは、植えつけから１カ月程度は定期的に水を与えますが、根が活着してからは、定期的な水やりは必要ありません。根の活着は芽で確認しましょう。新しい芽が２㎝以上伸びていれば、完全に発根した状態です。水やりは、ハス口の穴のこまかいホースノズルで、株もとにやさしく、たっぷり与えるのが基本です。株の上から水をかけてはいけません。

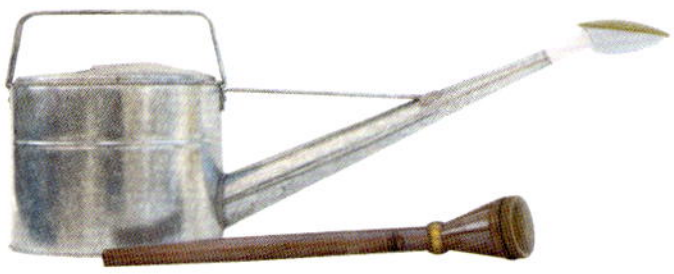

上手な水やり方法

夏 冬

夏の水やりは朝夕の涼しい時間帯に行います。冬は晴れた日を選んで、午前中10時ごろ気温が上がってから。夕方に水をやると凍らせてしまうことがあるので、夕方は行いません。ホースを使うときは、夏は熱くなった水を、冬は冷たい水を出し切ってから使いましょう。

春 秋

春と秋は天候が変わりやすい時期で、雨などで気温が急激に下がるとベト病などの病気が出やすくなります。北風や南風も注意が必要です。水やりはその日や翌日の天気・気温を確認してから行いましょう。

◈水やりが必要なとき

- □ ４月～５月、７月下旬～８月下旬で、晴天が続き、地面がひどく乾いているとき
- □ 鉢植えの株を庭に植えつけ、活着するまでの１カ月程度
- □ 植えつけ１年目の株

◈こんな症状は要チェック！

- □ 生育期なのに枝が伸びない
- □ 花がつかない、葉が落ちる
- □ シュートが出る時期なのに出ない
- □ 葉と葉の間（節間）が間のびしてしまった

※このような症状が出たら水切れや水のやりすぎの可能性があります。

！

植物の根は土の中の水分や養分を吸収し、それと同時に酸素を取り込んでいます。長い時間根が水に浸かった状態になると酸素が取り込めず、根ぐされの原因になります。また、根は水を求めて地中を長く伸びていきますが、つねに水を与えていると、長く伸びる必要がないため、根張りの悪い株になってしまいます。

寒肥の施肥

1 株元から20㎝以上離れたところ（株の大きさで異なる）に直径20㎝、深さ40㎝程度の穴を2つ掘る。なるべく深いほうがよい。穴を掘ることで、同時に根のまわりの土を耕すことになり、土に空気が入って根の成長がよくなる。

2 馬糞堆肥、油かす、骨粉、硫酸カリを2等分して、2つの穴にそれぞれ入れる。

3 スコップで穴の壁をくずしながら、くずした土と肥料をよく混ぜ合わせる。

4 土を少し戻してから熔成リン肥を2等分して、2つの穴にそれぞれ入れる。

5 掘り上げた土を戻し表面を平らにならしたあと、敷わらをかぶせて根もとを覆う。敷わらは雑草や乾燥を防ぎ、夏は土の温度が上がりすぎるのを防ぐ効果もある。

準備するもの

寒肥

- 馬糞堆肥／5ℓ
- 油かす／200g
- 骨粉／200g
- 硫酸カリ／50g
- 熔成リン肥／200g

化成肥料の与えすぎで葉やけを起こしている状態。

　バラは肥料食いだと思われがちですが、実際は、苗や株を植えつけるときに十分な元肥を施しておけば、あとは年に1回の寒肥で元気に育ち立派な花をつけます。「お礼肥」も「芽出し肥」も必要ありません。肥料が多すぎると肥料やけ（葉焼け）を起こしたり、花形が乱れたり、花弁の数が増えすぎて花が開かないといったトラブルが起こりがちです。また葉が大きくなりすぎた、枝が伸びすぎたなども、肥料の与えすぎで軟弱な株になった結果です。軟弱に育てられたバラは病気にも弱くなります。寒肥は、12月中旬～2月上旬のバラの休眠期に与えます。

Point

寒肥用の穴は、毎年位置を少しずつずらします。寒肥を施した近くは成長がよくなります。

その後の作業リスト
庭植えバラ

12月中旬～1月中旬	つるバラの剪定と誘引	➡P168
2月	冬の剪定	➡P148
3月	わき芽かき	➡P134
3月～11月	病気と害虫の防除	➡P188
4月中旬～下旬	つぼみのピンチ	➡P136
5月～9月	ベーサルシュートのピンチ	➡P130
5月～8月	花がら切り	➡P138
9月上旬	夏の剪定	➡P142

もっと知りたい！

庭植えのQ&A

Q

5月に鉢株を購入しました。庭に下ろすのは、いつがいいですか？

A まずは、鉢土の表面をさわってみてください。土がしっかりとかたい状態であれば、植えつけの適期です。しかし、土がやわらかい場合は、梅雨の時期まで待ちましょう。土がやわらかい鉢は、鉢上げされて１カ月程度しかたっていないもので、そのまま株を抜くと根鉢をくずすおそれがあります。基本的に植え替えなどの作業は、晴れた日を避けるほうが無難です。くもっていて湿度の高いときが最適です。

長尺苗の場合は、９月に植えつけて年内に活着させるとよいでしょう。

Q

庭につぎ木苗を植えたら、つぎ口の下から新しい芽が出てきました。このまま育ててよいのでしょうか？

A つぎ口の下から出てくる芽は、つぎ木に使っている台木の芽（台芽）の可能性があります。日本の台木であれば、普通は「ノイバラ」ですから、葉は淡い黄緑色で小さく、小葉は７枚か９枚あり、トゲがないのが特徴です。

台木の芽をそのまま成長させてしまうと、つぎ木した品種の成長が悪くなることがあります。見つけしだいかき取るようにします。地中から出てきた場合は、はさみで切り取ります。台芽は再発することもあるので、そのつど、かき取りましょう。

白色の小さい花をつけたノイバラ。葉はうす黄緑色。

Q

バラを植える土は、野菜畑のようにふかふかに耕す必要がありますか？

A 花の栽培でも、土づくりが重要なことは野菜栽培と同様です。多量の堆肥などをすき込んで水はけのよいふかふかの土をつくれば、植物はよく育ちます。ただし、こうしてつくった水はけのよい土は、逆に乾きやすい状態でもあるといえます。定期的に水やりしないと、水不足が起きることもあります。

バラの場合も、植え穴の周囲がふかふかになっている状態では、土が乾きやすく、しばらく水がもらえないとしおれてしまいます。なんでもそうですが、やりすぎは逆効果。多少の手抜きも必要です。手をかけすぎると植物本来の力が引き出せなくなります。

Q

木立性の株の台風対策を教えてください。

A 台風が通過するという予報が出たら、株を囲むように支柱を3～4本立てて、株が風でゆすられないように株をまとめておきましょう。花は、咲いていたら切ってしまうほうがよい場合もあります。

日頃の管理も大切です。台風のような強風に耐えられるように根張りをよくすること。肥料や水をやりすぎないようにして、しっかり根を張った丈夫な株に育てておきます。また、日頃は支柱を立てないで育てましょう。支柱を立てるとバラは枝が伸びる傾向があり、それだけ軟弱に育ちます。

また、テッポウムシ（ゴマダラカミキリの幼虫）が根もとを食害していると、強風で折れる原因になります。カミキリムシの成虫は見つけしだい捕殺し、卵を産みつけられないようにしましょう。

株のまわりに支柱を3～4本立てて、枝をまとめるようにひもを支柱に巻く。急ぐときは、株の下から上へ、ひもを直接らせん状に巻きつける。

Q

庭のバラが根頭がん腫病にかかりました。新しいバラを植えたいのですが、土を入れ替えなければダメでしょうか？

A 根頭がん腫病の原因となる菌は冬に活動が弱くなりますので、植え替えは冬に行います。植え穴の土は入れ替えますが、新しい土と古い土が混じらないように、スコップなどの道具もよく水洗いして使います。細菌はつぎ木部分や、傷、害虫のかみ傷などから侵入してきますから、植え替えのときは、根を傷つけないように注意しましょう。

Q

通販で輸入苗を購入したら、土がついていない状態で届きました。そのまま植えつけてよいですか？

A 輸入苗は植物検疫を受けるために、土を完全に落とした裸苗の状態で日本に輸入されます。根が洗われているため、根の表皮ははがれており、極端に乾きやすくなっています。表皮がはがれると水をはじいてしまい、そのまま土に植えても水分を吸収しにくく、成長が著しく遅れたり、枯れてしまったりします。

そのため、苗を水に20～30分つけておき、水分を吸わせてから植えることもあります。さし木の発根を促す際に使われるメネデールがあれば、規定の濃度に薄めて水に混ぜておくのもよいでしょう。枝もしおれぎみであれば、枝ごと水に入れて吸水します。また、水で溶かした粘土をコーティングする方法もあります（➡P105）。

根が傷ついているので、清潔な土を使って鉢に植えつけておき、成長してから庭に植えるとより活着がよくなります。植えつけたあとは、保温や遮光のために、支柱を立てて不織布をかけておきます。

Lesson 3

バラの増殖①

方法と注意点 さし木で殖やす

バラの殖やし方にはいくつかの方法がありますが、手軽にチャレンジしやすいのが「さし木」です。お気に入りの株を殖やすことができると、バラの栽培もさらに楽しくなるでしょう。

さし木

適期：5月中旬～6月、9月

◈さし木用の枝（穂《ほ》木《ぎ》）の選び方

- □ 病気が出ていない、健康なものを選ぶ
- □ 開花中か、つぼみがほころびかけた枝がよい
- □ 太い枝より、直径2～5㎜くらいで充実した枝がよい
- □ 若くてやわらかい枝は発根しにくい
- □ 果実をつけた枝も発根しにくい

さし木は、気温20℃～25℃になるころが適期で気温が高いと発根しにくくなります。品種によって発根しやすいものとしにくいものがありますが、普通のバラなら1カ月、ミニバラは20日程度で鉢上げできます。

準備するもの

さし木用の穂木
（ノヴァーリス）

さし床用の土

- 赤玉土小粒／7割
- パーライト／1割
- ピートモス／1割
- もみ殻くん炭／1割

MEMO　土はすべて混ぜてから湿らせておく。

さし床用の5～6号鉢

MEMO　風をさえぎり遮光しやすいため深いものを用いる。3分の1くらいまで土を入れておく。

水を入れたバケツ

1 さし床の土に穴を開ける

さし床の土に竹棒をさして、穴を開けておく。前もって穴を開けておくと、さし穂の切り口を傷めずに作業できる。

2 穂木を吸水させる

穂木を下のほうから、葉のつけ根の上1～1.5㎝のあたりで切り、バケツに張った水に落とす。1カ所切るごとに180℃回転させながら切り、水に落とした穂木はそのまま5～30分吸水させる。

バラの品種は、育成者の権利が保護されていて、許可なく増殖したり、苗を譲渡・交換することは禁じられています。原則として、個人で増殖した苗も、譲渡や交換はできません。

3 さし穂をつくる

給水した穂木を水から上げ、さし穂とする。蒸散を抑えるため、葉が大きいときは一部を切り落とす。切りすぎると光合成ができず、発根が遅れる。

4 さし穂をさす

さし穂は、葉が重ならず土に触れないようにさす。土にさす深さは3～4㎝くらいまで、切り口は土の上に出しておく。

その後の管理

さし木後は、たっぷり水を与え、半日陰で雨の当たらない場所に置く。そのまま１週間、葉が緑色を保っていれば、発根はほぼ成功。用土が乾かないように水をやり、20日目、25日目ごろに薄めた液肥を与える。

１カ月程度は絶対にさし穂を動かしたり、抜いたりしない。

さし木後の作業 ❶ 鉢上げ

さし木から約1カ月後

発根したらひとつずつ鉢上げします。作業は、風をさえぎり根の乾燥を防ぐため、屋内で行います。鉢上げ後1週間ほどは、半日陰で雨の当たらない場所で管理します。その後は日当たりのよい場所へ。鉢土が乾いたら水をたっぷり与えます。芽が動きだすと根が伸びてきた証拠。薄めた液肥を与えます。

準備するもの

さし木の鉢上げ用の土

- 赤玉土小粒／7割
- ピートモス／1割
- パーライト／1割
- もみ殻くん炭／0.5割
- 鹿沼土小粒または
  赤玉土小粒／0.5割

1 鉢にさし木を置く

鉢の3分の1程度土を入れ、さし木の根を広げるように置く。

2 土を入れ水をやる

土を入れ、鉢底から水が流れるまでたっぷりと水をやる。

さし木後の作業 ❷ 鉢替え

さし木から2～3カ月後

鉢上げから約2カ月後には、高さ30～50㎝ほどになります。このぐらいになったら、大きな鉢に植え替えます。

準備するもの

鉢替え用の土

- 赤玉土小粒／7割
- ピートモス／1割
- パーライト／1割
- もみ殻くん炭／0.5割
- 鹿沼土小粒または
  赤玉土小粒／0.5割

高さ30～50㎝ほどの苗

植え替える

それぞれ5号鉢に植え替える。やり方は鉢上げのときと同じ要領。つぼみがついていたら摘み取る。

さし木後の作業 ❸葉を取る

さし木後はじめての冬

さし木後、最初に迎える冬は、まだ剪定する株にはなっていません。２月上旬の冬剪定の時期になったら、剪定は行わず、病害中予防のため、葉だけをすべて取ります。

1　前年６月下旬のさし木から約８カ月後（２月）、枝が２本になっている。

2　剪定はせず、葉だけを摘み取っておく。

成長の様子（春）

前年６月下旬のさし木から約 11 カ月後。５月上旬の開花期の様子。つぼみができ、シュートも出ている。

Lesson 3

バラの増殖❷

方法と注意点 つぎ木で殖やす

「つぎ木」は殖やしたいバラの芽を別の木につなげて育てていく殖やし方です。つぎ木の方法は何種類かありますが、バラでは「芽つぎ」と「切りつぎ」がおもに行われます。

つぎ木

つぎ木は、台木と穂木の形成層を密着させて組織をつなぎあわせ、２つの木を１本にする方法です。組織がつながると、台木が吸い上げた養水分が穂木に流れ、穂木からは光合成でつくられた同化物質が台木に流れるようになります。台木は、ノイバラを使うのが一般的です。簡単に入手できない場合はさし木（➡P116）で殖やすか、種をまいて育てておきましょう。

枝の構造

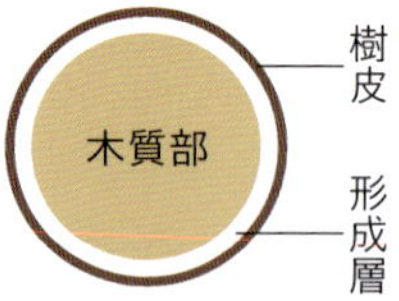

芽つぎ

適期：８月～10月

穂木の芽の部分を台木に張りつけてつなぎ合わせる方法です。普通にバラを殖やすときには、花壇や畑に植えた状態のノイバラの、地際の根と枝の間につぎます。年数が経ったノイバラは、つぎにくいため、種をまいてから１年後くらいで、根の上の部分が太さ１㎝くらいのものを使いましょう。

1

台木の枝の下に横６～８㎜程度の切れ目を入れる。形成層は樹皮のすぐ下にある。

2

切れ目がＴの字型になるように、縦にも１.５㎝程度切れ目を入れる。

3

Ｔ字型の縦の切り目を左右に押すようにして表皮を開き、形成層を出す。

準備するもの

- **台木**
- **穂木**（フリージア）
  MEMO　穂木は開花中か咲き終わったころの枝を使う。
- **芽つぎ用ナイフ**
  - 切り出しナイフでも可
- **梨地テープ**

その後の管理

芽つぎ後夏なら１週間ほどたっても芽が黒く変色してこなければ成功。芽は春まで動かずにじっとしているため、ノイバラが生育を始める時期（関東ならば１月～２月上旬）までに、ついだ部分の上１～２㎜くらいの位置でノイバラの枝を切り落とし、テープを外す。

4 穂木は芽の下から斜めにナイフを入れて、皮をうすく削ぐようにして、芽を切り取る。切り取った芽の裏面についた木質部は取っておく。

5 台木の樹皮の下に、芽を差しこんで張りつける。切り口が乾かないように手早く行う。はみ出した部分はカットする。

6 テープを巻いてしっかり押さえる。つぎ木専用のテープは、下からうすく伸ばしながら巻くのがポイント。

芽つぎ苗の育て方

❶畑から庭に植え替える

適期：1月～2月上旬

1 ていねいに根が多く残るように掘り上げて、あとは新苗を庭に植えるときと同じように元肥を入れて植えつける（➡P110）。

2 植えつけ後は、大苗の防寒（➡P109）と同じように、ポールなどで屋根をつくり不織布で覆って防寒する。

3 水はすぐにやらず、暖かい日を選んで与える。

4 芽が1～2㎝伸びたら、不織布を外す。

❷庭でそのまま育てる

適期：1月～2月上旬

1 ついだ芽の上1～2㎜の位置で枝を切り落とし、テープを外す。

2 寒肥の量は新苗の半分程度とする。馬糞堆肥2.5ℓ、油かす100g、骨粉100g、硫酸カリ25g、熔成リン肥100g。株から10㎝以上離れたところに、直径10㎝ほどの穴を掘って施す（➡P113）。

3 寒さが気になるようなら不織布で覆って防寒する。

❸畑から鉢に植え替える

適期：1月～2月上旬

1 根を切らないように掘り上げて、新苗を鉢に植えるときの手順で植えつける（➡P92）。鉢は6号鉢くらいが適当。用土は赤玉土小粒7割、ピートモス1.5割、パーライト0.5割、もみ殻くん炭0.5割、完熟馬糞堆肥0.5割。または、赤玉土小粒8割、ピートモス1.5割、完熟馬糞堆肥0.5割。寒い時期のため少し堆肥を加えてもよい。

2 水はたっぷり、つぎは鉢土が乾いてから与える。雨や雪がかからない場所で管理し、寒さが心配なら不織布で防寒する。水やりは少なめに。

3 芽が1㎝程度伸びたら、固形の油かす1個を追肥として施し、その後は新苗の鉢植えと同様に管理（➡P96）。3月以降は水やりを多くする。

切りつぎ

適期：2月

切りつぎは、芽を１つ残して穂木を短く切り、それを台木につぐ方法です。おもに休眠期の２月に行います。作業は、台木や穂木が乾燥しないように手早く行うのがコツです。スタンダード仕立て（➡P46）にしたい場合などは、台木の枝を長く伸ばし、その途中につぐこともあります。

1 台木の形成層がよく見えるように、切り口の端を斜めに切り取る。

Point ３㎜ほど斜めに切り取る。

2 樹皮の表面から２～３㎜内側、わずかに木質部にかかる部分にナイフを縦に入れ、２㎝ほど垂直に切り裂く。

3 穂木の下先端を45℃斜めに切り落とすⒶ。つぎに、斜めの切り口と反対側面の皮を、下先端から２㎝ほどそぎ落として形成層を出すⒷ。

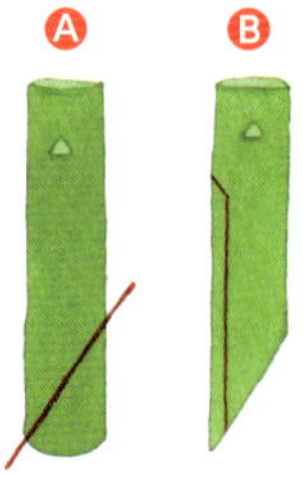

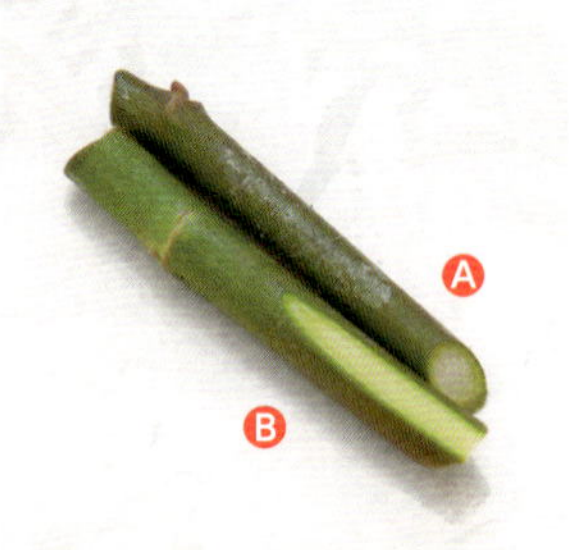

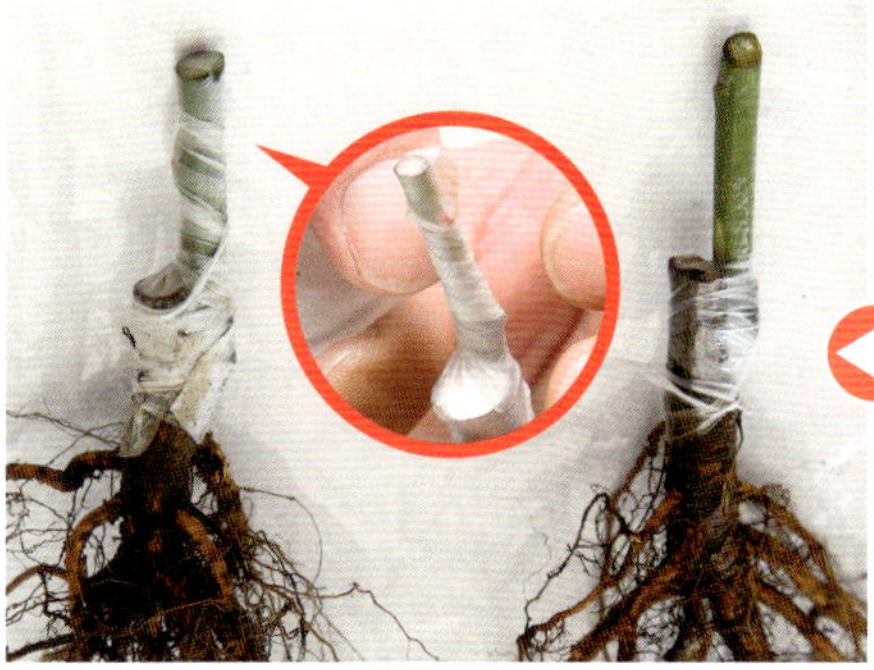

4 台木の形成層に穂木の形成層が重なるように、穂木を差しこむ。

5 ついだ部分をテープで巻き固定する。台木の切り口も乾燥しないようにテープで覆う。

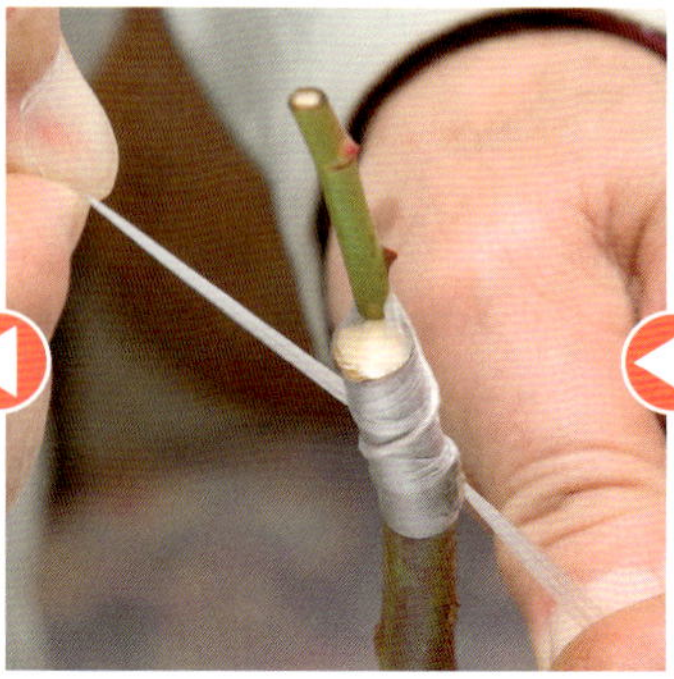

Point メデールテープの場合は、穂木全体を覆う。

準備するもの

台木

MEMO　ノイバラの種をまいて１年間育てたもの。根の上部から５㎝ほどの位置で切っておく。

穂木（リベルタ）

MEMO　台木と穂木の太さは７：３から６：４くらいの比率で、穂木のほうが細いのものを用意する。穂木は１芽ずつつけて、長さ５㎝ほどに切っておく。

切り出しナイフ

梨地テープ（つぎ木テープ）

・メデールテープでも可

剪定ばさみ

軍手

7号鉢（仮植え用）

赤玉土

切りつぎ後の作業　鉢上げ

切りつぎから40日後

1

5～6号鉢に1本ずつ植えつける。用土は、赤玉土小粒7割、ピートモス2割、パーライト0.5割、もみ殻くん炭0.5割。

2

水を十分に与える。枝や葉にはなるべく水がかからないようにする。このあと、1週間後に固形の油かすを1個施し、新苗の鉢植えと同じように管理する（➡P96）。

成長の様子（春）

2月上旬の切りつぎから3カ月後の5月上旬。このあとは、新苗として、ベーサルシュートのピンチ（⬇P130）、つぼみのピンチ（⬇P136）などを適宜くり返し、管理していく。

6

切りつぎした台木は、3～4株ずつまとめて鉢の中に置き、赤玉土をつぎ口の下まで入れる。

7

底から流れる水ににごりがなくなるまで、たっぷりとかける。

8

風と寒さを防ぐために鉢をかぶせる。透明なカバーは温度が上がりすぎるので避ける。

その後の管理

東側のひさしの下など雨や雪がかからないところに置き、鉢土が乾いたら枝にかからないように水をやる。20日ほどで芽が出るが、芽が出たら乾きぎみに管理する。人工的にあたためると失敗しやすいので、自然にまかせる。芽が1cm程度伸びたら、カバーを外すが、夜間、寒いときはかけておいてもよい。芽が5～10cmに伸びたら、下記の要領で鉢上げする。

方法と注意点 取り木で殖やす

「取り木」は、木の枝や根の途中から発根させ、そこを切り取ることで新しい個体をつくり出す殖やし方です。盆栽や庭木などの苗をつくるときに古くから行われてきた方法です。

取り木

適期：7月

1 ノイバラの枝にナイフですじをつける。すじは枝をぐるっと一周させる。枝と同じ太さ程度の間隔をあけて２本つける。

2 ２本のすじの間の表皮をはぎ取る。表皮や形成層が残らないようにしっかりはがす。これを環《かん》状《じょう》剥《はく》皮《ひ》という。

3 環状剥皮した部分を中心より少し上を水ゴケで包む。

4 水ゴケが乾かないようにポリフィルムですき間なく包み、動かないようにひもを巻きつける。水ゴケが動くと、出てきた根が切れてしまうので、水ゴケが回転しないようにしっかりしばる。

！ 水ゴケの部分は直射日光に当たるとポリフィルム内が高温になり煮えてしまうので、日陰になるようにしておく。

ここでは、ノイバラの枝で取り木を行い、スタンダード仕立て(➡P46)の台木をつくる方法を紹介します。お気に入りの品種でチャレンジすれば、もうひとつ新しい株をつくることもできます。

準備するもの

取り木用の株（ノイバラ）

MEMO　その年に伸びた枝で、直径１㎝程度の太さのものを選ぶ。若いものがよく、枝の先に新芽が出ている枝は、根が元気に水を吸い上げている証拠なのでおすすめ。

切り出しナイフ
水ゴケ

MEMO　切り出しナイフは熱湯で消毒しておく。水ゴケは、水を十分に含ませておき、使う前にしっかり絞る。

ポリフィルム

ひも

１カ月後、ポリフィルムの中に赤い根が伸びている。根が伸びると、水ゴケが乾いてくるため、乾き具合が発根の目安になる。

取り木後の作業　鉢上げ

取り木から２カ月後

ポリフィルムの中の水ゴケが乾燥してきて、発根が確認できたら、枝を母株から切りはなし鉢上げします。

準備するもの

用土
- 赤玉土小粒／6.5割
- ピートモス／1.5割
- パーライト／1割
- もみ殻くん炭／１割

6号鉢

剪定ばさみ

水を入れたバケツ

1　水ゴケが乾燥し、茶色の根が確認できたら、水ゴケから５㎝ほど下の部分で枝を切る。

2　屋内に持ちこんで、葉をむしり取り、水ゴケの上1ｍくらいの位置で枝を切る。

3　水ゴケが動くと根が切れるので、水ゴケを動かさないようにポリフィルムをはがし、下部の枝を切り落とす。すぐに水のなかに入れ十分吸水させる。

4　水ゴケをつけたまま鉢に入れ、土をかぶせて植えつける。植えつけ後はたっぷりと水をやり、日陰に置く。

その後の管理

１週間後くらいから芽が動きはじめるので、それまでは日陰で管理する。２～３カ月経つと、いたるところの芽が動き出すが、この枝はつぎ木の台木に使うので、最上部から２芽だけ残し、ほかはすべてかき取っておく。台木用ではない場合は、新苗と同じように育てる（➡P96）。

成長の様子（春）

取り木したノイバラに「オールドブラッシュ」を切りつぎして約3カ月後。「オールドブラッシュ」の芽が伸び、順調に育っている。

もっとバラを楽しむ！

バラのハーブティーを飲んでみましょう

バラは、ハーブとして古くから利用されてきた植物のひとつです。生の花びらから抽出した精油やローズウォーターを香水や化粧水に使ったり、乾燥した花びらやつぼみをポプリや、ジャム、ケーキなどに利用したりと、多彩な用途があります。

バラの花びらやつぼみを乾燥させたハーブを「ローズ」（ローズレッド、ローズピンク）といい、おもにロサ ケンティフォリア（Rosa centifolira）、ダマスクローズ（Rosa × damascena）、ガリカローズ（Rosa gallica）などワイルド・ローズやオールド・ローズの花びらやつぼみが使われています。つぼみの場合は、ローズバッズ（budsはつぼみのこと）と呼ぶこともあります。ローズ・ティーは、甘く上品な香りが持ち味で、イライラをしずめ、心の疲れを癒してくれます。ホルモンのバランスを整え、便秘を解消する効果もあります。

一方、バラの果実（偽果）を乾燥させたものは、ローズヒップといいます。使われるのは、おもにロサ カニーナ（Rosa canina）やスイートブライヤー（Rosa eglanteria＝Rosa rubiginosa）の果実です。ローズヒップ・ティーは甘い香りとやわらかな酸味が持ち味で、ビタミンCを多く含み、美肌効果やシミ、そばかすの予防にぴったり。成分はビタミンCのほか、ビタミンA、B、E、K、鉄分やポリフェノールなども含み、アンチエイジングや便秘の解消、目の疲れを癒す効果もあります。

ローズヒップを乾燥させるときは、実をよく洗い、水分をふき取ったあとに包丁で半分～4分の1にカットして種を取りのぞきます。ざるなどに平らに置き、風通しのよい日陰で1カ月ほど乾燥させます。湿気でカビがでないよう注意が必要です。ノイバラなどの実がよいでしょう。秋口の赤く熟したものを使います。

！ 化学農薬を使っているバラは、ハーブとしての利用には適しません。

ハーブに使われることの多いロサ カニーナの実（ローズヒップ）。

ロサ カニーナよりも少し小粒のノイバラ（Rosa multiflora）の実。

ハーブ（ローズヒップ）ティーの入れ方

［材料：ひとり分］

- 熱湯 … 180cc
- ローズまたはローズヒップ … 小さじ山盛り1杯

※ローズは軽く指で押してつぶしておく。ローズヒップを使う場合は、乳鉢やミキサーで細かく砕いてから使う。

1. カップに熱湯を入れて温めておく。
2. 小さじ山盛り1杯分のハーブをティーポットに入れる。
3. ティーポットに熱湯を180cc注ぎ、ふたをして5分ほど蒸らす。
＊ティーコーゼがあればかぶせ、冷めないようにするとよい。
4. ティーポットのふたを取り、均一な濃さになるようにゆっくりとかき混ぜる。
5. カップの湯を捨てて、茶こしでこしながらティーを注ぐ。

ティーに使ったあとは、蜂蜜やグラニュー糖を加えて電子レンジで温めてからよく混ぜ合わせて即席のジャムにするのもおすすめ。栄養分をまるごと摂取できます。

Lesson 4

季節ごとのバラのお手入れ

Lesson 4

バラ栽培の作業

バラ栽培に欠かせない 8つの重要作業

きれいなバラを咲かせるためには、日頃からバラを観察して、そのつど、必要な作業を行うことが大切です。とくに、水やりやピンチは、充実した株をつくるために欠かせない作業です。

バラを育てるために必要な作業

1 水やり

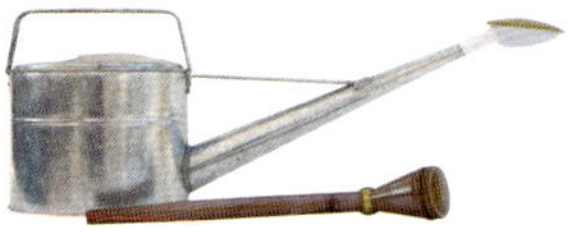

P112 ⬅

目的 水分の補給

適期 通年

方法 鉢植えのバラは定期的な水やりが必要だが、庭植えの場合は様子をみながら行う。時間や回数などは季節や気候の状態を見極めて調整する。とくに夏の水やりは重要。

2 ベーサルシュートのピンチ

P130 ⬅

目的 将来の主幹を育てる

適期 5月～7月、9月

方法 新しく伸びた枝の先を摘まみ、将来の主幹へと育てる。主幹は主枝ともいい、開花や光合成を担い、樹形を決める重要な枝で、よい主幹が多くなって葉が増えれば光合成も多くでき、株が充実してくる。

3 薬剤散布

P190 ⬅

目的 病害虫の予防と駆除

適期 3月～11月

方法 害虫や病気の兆候を見つけたら、すぐに薬剤で防除する。

4 剪定と誘引

P140 ⬅

目的 樹形を整える
日当たりをよくする
風通しをよくする

適期 9月上旬、1～2月

方法 樹形を整えるとともに、古い枝、余分な枝を取りのぞいて新しい枝と交代させ、若さを保つ。夏に行う夏剪定（➡P142）とバラの休眠期に行う冬剪定（➡P148）がある。つるバラでは、冬剪定と一緒につるの誘引作業も行う（➡P168）。

ピンチとは？

ピンチとは、植物の枝先を摘まみ取ることで、摘心《てきしん》ともいいます。おもに四季咲き性の品種に対して行う作業で、バラの場合は、つぼみもいっしょに摘み取るので、摘蕾《てきらい》（⬇P136）もかねています。ピンチの目的は、枝や葉を増やし、充実した株をつくること。枝先を摘み取ると、切り口の下にある葉のわきから新しい枝を伸ばします。

5 芽かき（わき芽かき）

P134 ←

目的 丈夫な枝をつくる

適期 3月

方法 春に出てきた芽の中から、余分な芽や不定芽などを取りのぞく。剪定と同じように、樹形を整え、枝の日当たりや風通しをよくして、病気や害虫を防ぎ、結果的に花つきをよくする効果もある。同じような目的で、多すぎる開花枝を整理する作業もある。

6 花がら切り

P138 ←

目的 つぎの花芽をつけさせる

適期 5月～8月、10月中旬～11月

方法 咲き終わった花を切って、つぎの芽の発達を促す。花がらをつけたままにしておくと、バラは実をつけるため多くのエネルギーを使う。花がら切りが遅いと芽が伸びないことがあり、次の花が咲きにくくなる。実をつけさせずに若さを保つための作業だが、一季咲きやオールド・ローズなどでは、病気や害虫を取りのぞく目的もある。

7 寒肥

P113 ←

目的 土壌改良
栄養の補給

適期 12月中旬～2月上旬

方法 バラの休眠期に、効き目がゆっくりな有機質肥料を施す。冬の間に土中で分解され、春になると少しずつ効き目を表す。

8 ピンチ

P132 ←

目的 葉を増やす
開花調整を行う

適期 4月中旬～4月下旬

方法 新しく伸びた枝の先端を軽く摘み、葉を増やす。つぼみが1.5㎝ほどになったら摘み取り、開花調整を行う。

ソフトピンチとハードピンチ

ピンチには、摘まむ深さ（位置）によってソフトピンチとハードピンチがあります。ソフトピンチは、枝がやわらかいころに枝の上のほう（浅いところ）を指で摘まみ取ることです。

一方、ハードピンチは枝の深いところを摘まみ取ることです。樹勢をおさえるために深い位置でかくのですが、枝が堅くなっているところをかくためハサミを使う場合もあります。ソフトピンチだけでは樹勢をおさえきれず、樹高が高くなりすぎそうなときには、ハードピンチを組み合わせて行います。

枝先をピンチしたあとに、下の葉腋《ようえき》から新しい枝が伸びてきている。

よい樹形をつくる ベーサルシュートのピンチ

ベーサルシュートは、将来、主幹（主枝）となって花を咲かせ、光合成を担い、樹形をつくる枝です。ベーサルシュートが出てきたら、若いうちにピンチをして、枝を充実させましょう。

ベーサルシュートはピンチで育てる

株元から伸びるベーサルシュートは勢いが強い枝です。そのままほおっておくと、枝がほうき状に分かれていき、その先にたくさんの花芽をつけます。花芽を多くつけると、そのぶん栄養が分散し、枝そのものの成長が弱くなります。また、枝が混みすぎて病気を発生させる原因にもなります。

そこで、ベーサルシュートは、まだやわらかい時期に先端をピンチし、枝がほうき状になるのを防ぎます。ピンチをすると、切り口の下にある葉のわき（葉腋《ようえき》）から新しい枝が伸びてきます。その枝もほどよい高さになったころに再ピンチします。ピンチの時期は、先端のつぼみがアズキ粒ほどになったころが目安。２回〜３回ピンチをくり返すと、枝が長く強くなり、葉がたくさんつきます。

ベーサルシュートとは？

バラ栽培でいうシュートとは、新しく出た勢いの強い枝のこと。株もと近くから出るベーサルシュートと、比較的高い位置から出るサイドシュートがあります。ただし、どこからどこまでがベーサルシュートで、どこから上がサイドシュートかという明確な区別はありません。

シュートは真夏の高温期をのぞいて春から秋まで発生します。一季咲きのつるバラやオールドローズ、シュラブ形のイングリッシュローズなどでは、ベーサルシュートは基本的にそのまま伸ばしますが、四季咲きのバラはシュートをピンチして樹形をつくっていきます。

ベーサルシュートのピンチ

四季咲きの多くの品種では、春の開花後からベーサルシュートが出始めます。トゲがやわらかい時期にソフトピンチしましょう。先端のつぼみがアズキ粒ほどになったころが目安ですが、初心者は早めに摘むとよいでしょう。

ベーサルシュートが伸びる時期は、乾燥させないように注意が必要です。庭植えの場合も、乾燥が続くようなら２～３日に１回は水やりをしましょう。

成長の様子〈ピンチの跡〉

葉腋から出た枝が成長すると、ピンチした枝の残り部分は落ちて、枝はまっすぐになる。ピンチの跡はほとんど目立たない。

枝先をピンチしたあとに葉腋から新しい枝が伸びてきている。

1 新苗に発生したベーサルシュート。株の地際から伸びている。

2 30㎝ほど伸び、先端につぼみがついている。

3 爪を立てないように、指の腹で枝を曲げながら折り取る。切り口に触らないように注意する。

バラマイスター鈴木の とっておきレクチャー

バラはすべてシュート更新するわけではありません

四季咲きのバラでは、新しいベーサルシュートが成長するにつれて、古い枝が弱って枯れていきます。こうして古い枝が枯れ、株全体が新しい枝に置き換わっていくことをシュート更新といいます。

かつて、バラは必ずシュート更新するといわれていました。しかし実際には、成木になってからも毎年シュートを出す品種と、シュートをほとんど出さないか、あるいはたまにしか出さない品種があります。シュートの出方は品種によってまったく違うのです。シュートの出方が違えば、剪定などの管理の仕方も変わってきます。

シュートをよく出す品種は数年で新旧の枝が入れ替わりますので、枝の寿命は短くなります。一方、シュートをあまり出さない品種では、それぞれの枝がゆっくりと成長し、かつ枝の寿命が長いのです。現在はそのようなタイプのものが多くなっています。

Lesson 4

日頃の管理②

苗から成木になるまでのシュートのピンチ

花よりも丈夫な株をつくることが基本

バラは新苗・大苗から成木になるまでは約3年間かかります。その間は、なるべく花を咲かせないように育てるのがポイントです。幼木期につぎつぎと花を咲かせると、花にエネルギーを取られて成長が遅れがちになります。そのため、株がまだ若いうちは、つぼみを摘んで花を咲かせず、葉を増やして、充実した株に育てることが大切なのです。

バラの場合は、シュート（新しい枝）をピンチすると枝先にあるつぼみも摘むことになり、結果的に開花がおさえられます。また、シュートをピンチすると、切り口の下の葉のわきから枝が伸びてきますから、枝が高くなり葉の数が増えることになります。葉が増えると光合成が多くなり、株が充実してくるのです。

新苗の成長とシュートの発生

一般的な新苗の成長とシュートの発生パターンです。実際には生育地の気温や気象条件、養水分管理などの栽培条件によって変わります。

1年目　新苗購入

春

4月～6月に植えつけしたものは、つぼみ、新芽が出たらピンチする。

春～夏

ピンチした部分のわき芽が動き、葉が増える。春～夏のベーサルシュート、つぼみはソフトピンチする。

3年目　翌々年

春

シュートで1番花を咲かせる。残した枝から出たつぼみは摘み取る。

夏～秋

花がら切りをして2番花を咲かせる。ベーサルシュートが出たらピンチする。

冬

冬剪定は浅め（高め）に切る。1年目からの古い枝は切ってもよい。

バラマイスター鈴木の とっておきレクチャー

ひとつだけ出てきた
大苗の新芽は
摘まんでおきましょう

冬剪定の時期が遅くなった株は、４月の気温が高くなりはじめたころに全体に新芽が伸びてくるのではなく、ひとつの芽だけ長く伸びて、つぼみがつくことがあります。そのようなときは、その新芽を５～10cmほどピンチしておきましょう。

ひとつの芽だけが先に成長してしまうと、株の栄養がその芽に取られてしまい、ほかの新芽が弱くなってしまいます。芽の成長に差がつくと、株全体のバランスが悪くなります。それを解消するために成長しすぎた新芽を摘まみ取ります。これは、剪定がよくなかったからと、数日後に二度切りの剪定をしたときにも起こります。

ひとつだけ伸びた新芽。

新芽の先端５～10㎝ほどの位置でピンチする。

2年目 翌年

夏～秋

秋までに２～３回ピンチする。

秋～冬

９月以降に出たつぼみは咲かせることで株が充実する。葉があることで寒さ対応ができる。

冬

冬剪定はシュートを高さ１ｍくらいに切る。それ以外の枝は少しだけ切る。

4年目

春

１番花のあと、直径１㎝くらいの太いベーサルシュートが出るのでピンチする。

夏～秋

シュートは、８月まで（関東は９月まで）ピンチし、その後に伸びたものは咲かせる。

冬

冬剪定で高さ1.2ｍくらい、ベーサルシュートは少し低く切る。これでほぼ成木。

Lesson 4

日頃の管理③

不要な芽をかき取る 芽かきの作業

余分な芽を放っておくと、伸びた枝が細くなり、枝が混みすぎて日当たりや風通しが悪くなり、病気の原因にもなります。芽が動き、新芽が伸び始める時期には、不要な芽をかき取る芽かきをしましょう。

芽かきはひとつの節にひと芽を残すのが基本

バラは普通、ひとつの節に3つの芽が準備されていて、中央のひと芽だけが発達します。しかし、寒さや乾燥などの条件で、3つが一緒に成長したり、中央のひとつが寒さにやられたあと残りの2つが伸びていくことがあります。こんなときは、比較的勢いのよい芽をひとつ残し、残りはかき取ります。これが芽かきです。3つが同じように伸びている場合は、中央のひとつを残します。

芽かきは新芽が伸び始める時期に行い、関東では3月ごろまでが適期です。オールドローズや野生種では芽かきの作業はやりません。通常の芽かきのほか、不定芽や台木の芽かきも必要です。苗や株を観察し、適宜行いましょう。

芽かきのやり方

芽をかくときには指先を使って、芽のつけ根を下に軽くおすようにしてかき取ります。爪を立てると、切り口に雑菌が入ることがあるので、注意しましょう。

1 3つの芽が出ているので、わきにある2つを芽かきする。

2 ❶の芽のつけ根に指をそえ、軽く押すように力を入れかき取る。

3 ❶をかき取ったところ。手前の❸の芽も同じようにかき取る。勢いのよい❷だけを残す。

芽かきをしないと…

- □ 枝が細くなる
- □ 大輪品種では、花が小さくなる
- □ 房咲き種では、一茎の花つきが悪くなる
- □ 枝が混み合い、日当たり、風通しが悪くなる

❶をかいておけば、❷がもっと太くなった。

バラマイスター鈴木の
とっておきレクチャー

寒さで芽が発達をやめてしまった枝先は切らずに残します

芽が伸び始めたあとで寒さにあい、中央の芽が発達をやめてしまうと、芽の下で枝を切るという人がいますが、切ってはいけません。この時期は、樹液を吸い上げているので、枝を切ると樹液が流れます。株は傷の修復に体力を使うため、逆に成長が遅れてしまいます。枝は切らずに伸びてきたわき芽を1つ残して芽かきをしましょう。そのあとは自然にまかせます。

❶が発達をやめた芽。葉の元気がなくなっている。わきの2つ（❷❸）が発達してきている。

線の位置で枝を切ってしまうという人がいるが、その必要はない。❷か❸のどちらかを残して、あとの2つの芽はかき取る。

台芽の芽かき

つぎ木苗を育てていると、つぎ口より下から芽が伸びてくることがあります。これは台木から伸びた芽＝台芽です。台芽を放置しておくと、根から吸い上げた養水分を取られてしまい、台木についだ品種の生育が悪くなります。見つけしだいかき取るようにしましょう。

スタンダード仕立ての台木から伸びた台芽。小さな台芽もかき取る。

不定芽が出ている場合

バラは普通、葉のわき（葉腋《ようえき》）に芽がつきますが、ときに葉腋以外の場所にできることがあり、それを不定芽といいます。原因はさまざまですが、剪定のやり方が問題のこともあります。下の写真の枝は、不定芽がたくさん出ていますが、栄養が足りず、すべての芽の発達が悪くなっています。この場合は、枝の先端の芽をひとつだけを残して、すべて取ってしまいましょう。そうしないと全部が細い枝になってしまいます。

1 3つの芽が出ているので、わきにある2つを芽かきする。品種は伊豆の踊子。

2 不要な芽を取る。

3 枝についている不要な芽をすべてかき取って、先端のひと芽だけを残す。

花を長く楽しむ つぼみのピンチ

バラ栽培では、つぼみの段階で摘み取ってしまうことがあります。バラを長く楽しむためには、花を咲かせることだけでなく、株を丈夫にすることを意識しましょう。そのためのピンチ作業です。

四季咲き性の品種は開花調整を

ハイブリットティーなどの大輪品種には、ひとつの花枝に数個のつぼみをつける品種があります。そのまま全部咲かせると、花が小さくなってしまうため、つぼみの数を減らします。枝の先端にある大きなつぼみを残して、下のつぼみはピンチしましょう。数を減らすことで、栄養が集中し大きな花が咲きます。

また、たくさんの花枝がいっせいに伸び、花が一度に咲いてしまいそうな状態のときは、2割ほどピンチして開花調整を行います。花がいっせいに咲くと株の体力を消耗するため、つぎの花つきが悪くなることがあります。つぼみがわずかに見えるころで摘むと、1週間ほどでつぎの花が咲きます。少しずつずらして咲かせることで、長く花を楽しめます。

新苗のつぼみのピンチ

ピンチする時期は、つぼみの直径が1.5㎝くらいのころです。ピンチが早すぎると、摘まんだあとも花枝が伸び続けてしまうので、ちょうどよい時期を見はからって摘み取ります。

1 6月上旬、新苗の鉢替えをしたあとから約40日後、つぼみが大きくなっている。

2 茎に爪を立てないようにして、指の腹でつぼみを摘まむ。

3 引っぱらないように、つぼみの下の部分を折り曲げるようにして取る。

つぼみのピンチのおもな目的

- □ ベーサルシュートの発生をうながす
- □ 花を咲かせないようにし、株の体力を保つ
- □ 開花時期をずらし、花を長く楽しむ
- □ 病気を早く回復させせることができる

ブラインド枝のピンチ

1 芽が発達をやめ、葉だけが成長してしまったブラインド枝。１週間ほどで矢印の部分からわき芽が出てくる。

2 ２つのわき芽が伸びてきた状態。一方をピンチして、残した芽を育てる。

Point

長く成長してしまった芽も、２本ある場合は、弱いほうを取りのぞく。

ブラインド枝は株の状態を教えてくれる

　春に伸び始めた枝のなかには、花芽が途中で発達をやめてしまうものがあります。これはブラインド枝といい、花を咲かせるのを中止して栄養成長に戻った枝です。

　ブラインド枝は、日照不足や急激な温度変化が原因です。また、植物には肥料や水が多すぎると、生殖成長をやめて栄養成長に戻ってしまう性質もあります。花を咲かせるより、自分を生かそうとしているともいえます。

　ブラインドした枝は、株が自分の栄養状態を考えて、生殖成長を中止したのです。栄養状態や条件がよくなれば、新しい芽をつくります。ブラインド枝を切ってしまうと、葉の数が減って、咲き方や成長に影響が出ますから、切らずに、つぎに出る新芽の片方をピンチするだけにしておきます。

バラマイスター鈴木のとっておきレクチャー

幼木期は花を咲かせてよい時期と避けたい時期があります

　新苗や大苗を植えつけたら、９月ごろまでは、つぼみは摘んでしまいましょう。これは葉を増やすための作業です。せっかくつけたつぼみを摘むのはかわいそうと思いますか。そんなことはありません。まだ幼木の段階では、花を咲かせるほうがかわいそうなのです。花が咲くとそれだけ体力を使ってしまい、株の成長が遅れることになってしまいます。丈夫な株をつくるためには、葉を増やし、光合成を盛んにさせて、株の充実をはかることが一番です。ただし、９月を過ぎたら、つぼみはピンチせず、そのまま咲かせます。花を咲かせることと、葉を多く残すことで耐寒性がつくられます。

Lesson 4

日頃の管理 5

つぎの花を咲かせる 花がら切りの作業

花がらとは、咲き終わった花のことです。四季咲き性のバラは花がらを切ることで、次の花芽をつける準備をします。花が終わりかけたら早めに花がら切りをし、花を何度も楽しみましょう。

花が咲いたら花がら切りを

バラは花がらを切らずに放置すると、実をつけようとします。実をつけるのに栄養を使うと、つぎの花芽ができません。四季咲きや返り咲きの品種では、花が終わりかけたら花がらを切りましょう。

ただし、花がら切りが遅くなると、枝が仮眠してしまうことがあります。そうなると、芽が出てこないため、つぎの花がつきません。何度も咲かせて長く花を楽しむためにも、花がら切りは早めに行うことが大切です。また、切り取った花がらは、必ず集めて処分します。庭や鉢内に捨てたままにしておくと、灰色かび病やスリップスなどの病害虫が広がる原因となります。

野生種や一季咲き種、一部のオールドローズは、実を楽しむ目的なら花がら切りを行わなくてもかまいません。花がら切りをしておくと、病害虫の拡大を抑える効果もあります。

花がら切りのおもな目的

- □ つぎの花芽を育てる
- □ 葉を多く残す
- □ 樹形や見た目を整える
- □ 病気や害虫の広がりを抑える
- □ 秋は、病気を取りのぞくために行う

房咲きの花がら切り

フロリバンダ系のように花が房をなして咲く品種（房咲き品種）の花がらは、房ごと切ってもよいですし、花をひとつずつ切ってもかまいません。

数個の花を房ごと切る

花枝の中間あたり、５枚葉の上で切る。ちょうどよい位置に５枚葉がなければ、３枚葉の上で切ってもよい。

花をひとつずつ切る

ひとつの房に咲き終わった花とつぼみが混じっているようなときは、終わったものからひとつずつ切る。最終的には枝全体を切る。

春〜夏の花がら切り後の変化パターン

1 5月中旬〜下旬は、花枝の中間の5枚葉の上で切る。花がらを切ってから30〜40日後につぎの花が開花する。

2 6月下旬〜7月上旬は、花枝の中間の5枚葉の上で切る。切ってから28日〜30日後につぎの花が開花する。

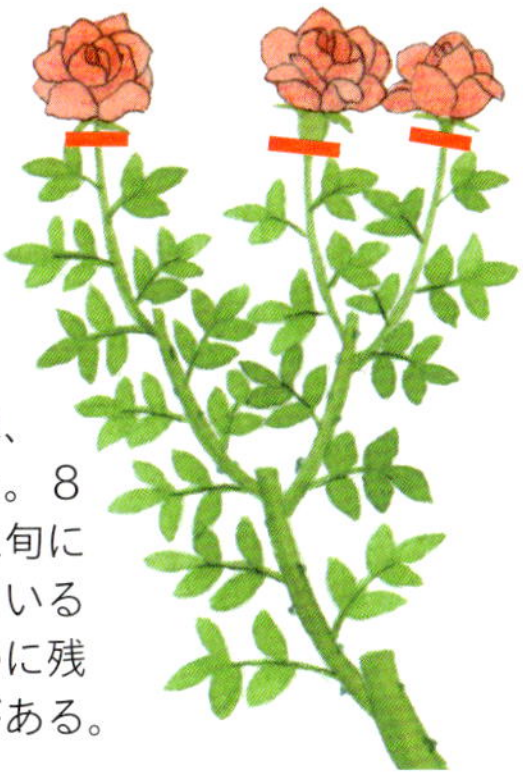

3 8月に入ってからの花がらは、花首の下で切る。8月下旬〜9月上旬に夏剪定を控えているため、枝を長めに残しておく必要がある。

Point

寒冷地は晩秋の開花も必須

寒い地域では晩秋でも必ず咲かせましょう。花を咲かせることで、枝がかたくなり、寒さの害を受けにくい株となります。花を咲かせて、その年を終えるようにします。

春・夏の花がら切り

春・夏の花がら切りは、なるべく早く、花がほころび始めたら1日も早く切ります。切ることで、つぎの花芽ができます。

花がらを切ってからつぎの花が咲くまでの期間は、気温によって変わります。1番花の花がら切りから2番花の開花まで、普通は約40日、気温が高い時期なら30日、低ければ45日が目安です。また、切る位置によっても、つぎに花が咲く時期が変わります。

通常は、花枝のだいたい半分の位置で行う。切り口の下の葉のわきから出た新芽が伸び、約1カ月半後に次の花が咲く。

8月に入ったら、花首から最初の葉が出ている位置で切る。

晩秋の花がら切り

秋11月の花がらは、花首のすぐ下で切ります。11月よりはやや気温が高い10月下旬ごろならば、花の下の葉の横に花芽があり、もう1つ咲くこともありますが、これは、おまけと考えましょう。11月は、実をつける時期ではありませんが、この時期の花がら切りは、花びらにある灰色かび病などの病気を取りのぞくために行います。

晩秋の花がら切りは、花首の下、花枝のいちばん上の葉の上で切る。

Lesson 4

剪定①

樹形を保ち健康にする 剪定作業の必要性

バラの剪定は、古い枝や不要な枝を取りのぞいて、健康な状態で、よい花をたくさん咲かせるための作業です。残す枝と取りのぞく枝を見きわめて、剪定ができるようになりましょう。

古い枝を整理して環境を整える

バラは、基本的には剪定をしなくても花を咲かせます。ただし、剪定しないまま咲かせると、花数は多くなりますが、ひとつひとつの花は小さく、花弁の数も少なくなります。それぞれの品種に適した花弁数、色や形、香りをそなえたよい花を咲かせるためには、剪定によって花数を制限し、栄養を集中させることが大切なのです。

また、劣化した枝を取りのぞくことで、枝の更新がすすみ株全体が健康になります。不要な枝や混み合った枝を整理すると、株の中まで日が差しこみ、風通しもよくなって光合成が盛んになり、病害虫を抑える効果も期待できるでしょう。

四季咲きのバラは剪定によってきれいな樹形を保てます。

剪定の道具

剪定バサミ	MEMO 質のよいものをそろえ、使用したら手入れする習慣をつける（➡P35）。
のこぎり（大・小）	MEMO 枯れ枝、太い枝を切り取るときに使用する。
手袋、腕カバー（腕抜き）、麻ひも、シュロ縄	

左から、剪定バサミ、のこぎり大・小、手袋、麻ひも、腕カバー。

夏剪定と冬剪定

夏剪定 ➡ P142

剪定時期　夏の終わり
（関東では９月上旬）

四季咲きのバラだけに行う作業で、秋の開花時期をそろえ、よい花を咲かせることが目的です。全体に浅めの剪定（枝の高い位置で切る）にするのがポイント。

冬剪定 ➡ P148

剪定時期　１月〜２月
（バラが休眠している時期）

春の花をきれいに咲かせると同時に樹形を整え、株を健康にするための作業です。劣化した枝や不要な枝を取りのぞき、深めに切るなど、夏の剪定に比べると大がかりになるのが特徴です。つるバラは木立性のバラよりも早めの時期に剪定を行い、その際、同時に誘引作業を行います。※冬剪定は、春の剪定と呼ばれることもあります。

バラ剪定の基本

前年の切り口から5㎝くらい上で切る

毎年、健康な状態を保っている枝は、前年に剪定した切り口から５㎝くらい上を目安にして切りましょう。数芽を残して切りますが、品種によっては適当な位置に芽がないことがあり、その場合は５㎝より長く切ることもあります。シュートは、全体の高さにそろえて切りますが、翌年、翌々年に切る位置を考えて、やや低めに切っておきます。

❶ 前年の切り口から５㎝ほど上を切る。切り口はきれいに切る。

❷ 前年（１年前）に剪定した切り口。

切り口はきれいに切り取る

枝を切るときは、横からハサミを入れて切るようにします。芽の上５㎜のところを芽の向きと平行に切るという方法もありますが、こだわる必要はありません。

剪定バサミはできるだけよく切れるものを使い、きれいに切り取るようにします。太い枝は斜めにハサミの刃を入れると多少切りやすくなります。ただし、太い枝で、無理やりハサミを使うと切り口がバサバサになりそうな場合は、のこぎりを使って切りましょう。

Point 外芽と内芽について

枝についている芽の位置によって、株の中心に向いているものを内芽、逆に株の外側に向かっているものを外芽といいます。

ブッシュタイプのバラで、枝が直立する品種は、できるだけ外芽の上で切るようにします。ただし、枝が横張りになる品種は外芽と内芽がバランスよくついていないと、花が咲いたときに片寄りが出てしまいます。また、直立の品種を外芽で切っても、その下の芽が内側に向かって出てくると、中心が混み合ってきます。この場合は、芽かき（➡P134）などで調節します。

※イラストはイメージ

バラマイスター鈴木のとっておきレクチャー

革の手袋は
よくもんで
なじませましょう

バラの手入れに欠かせない手袋は、トゲを通しにくい革製がおすすめです。使い込むほどにやわらかくなり、手になじんでくるので、ひもや縄で結わえる作業もやりやすくなります。

新しい革手袋は、一度水につけてしぼらずに干しておきます。そうすると乾いたときにはガバガバになりますが、よくもんでいくとやわらかくなり、手になじんできます。

手袋は、バラのトゲから手を守るためのものですから、できるだけよい品を買いそろえ、手入れして長く使うようにするとよいでしょう。

Lesson 4

剪定❷

秋の開花時期を想定して決める 夏剪定の時期

夏の剪定は、秋によい花をいっせいに咲かせるために行う作業となります。基本的に、夏剪定を行うのは四季咲き性の品種だけで、葉が元気に繁っている株のみを剪定するようにしましょう。

夏剪定の適期は9月上旬ごろ

秋のバラは、関東地方なら10月中旬～11月上旬ごろに咲かせるのが理想です。剪定から開花までは1カ月半以上かかりますから、夏剪定の適期は関東地方なら9月1日～9月10日ごろです。関東東部では11月15日ごろには霜が降り始めることが多いため、剪定時期が遅いと花が咲かずに冬がきてしまうこともあります。遅くとも9月中旬までには済ませるようにしましょう。

逆に、8月の間に剪定してしまうと、まだ気温が高い夏は約1カ月で開花してしまうため、9月中に花が咲くことになります。この場合は成育期間が短く、よい花は見られません。ただし、品種によっては、8月25日ごろに切らないと花をつけないものもあります。

気温の下がり方は地域や気象条件によっても異なりますから、それぞれの地域にあわせ、時期を考えて剪定をしましょう。

夏剪定の時期

夏剪定の前には、枝が眠ってしまわないように毎日水をやり、新芽、シュートがたくさん出やすい状態にしておきます。水をあげている株は、剪定すると新芽が出やすくなります。

剪定時期	開花時期	花の状態
8月中	1カ月後	夏の花で、花が小さく花色もやや劣る
適期 9月上旬	1カ月半～2カ月後	秋の花で、花も葉も大きく、花色も鮮やかになる
9月中旬以降	2カ月以上	気温の低下、日照時間不足で花芽がつかなかったり、つぼみで終わったりする

Point

葉が落ちて弱っている株

夏に葉が落ちてしまっている株は、黒星病などで弱っている状態といえます。そのため、秋に花をつけるための夏剪定ではなく、株をさらに弱らせないための応急処置の剪定が必要です。時期は、通常の夏剪定より早めの8月中旬ごろに行うのがよいでしょう。

剪定のコツは浅めに切ること。やわらかい枝の枝先だけを切ります。切る枝先は最大でも20㎝程度にとどめましょう。その後、伸びてきた芽はピンチします。花を咲かせてしまうと株が弱ってしまうので、つぼみをピンチして葉を増やすようにします。

早めの剪定が必要な品種

品種によっては、夏剪定のあと、花芽をつけるのがほかよりも遅めになるものがあります。そのような品種は、適期よりも少し早め、8月25日ごろを目安に剪定します。

- マイガーデン
- アクロポリス ロマンティカ
- 伊豆の踊子
- ピンクパンサー など

夏剪定の基本 6つのポイント

1 葉がたくさんついている株を剪定する

葉が落ちている株、通常より数が少ない株は、病気などで弱っている株です。基本的には、葉がたくさんついている丈夫な株を対象に剪定を行います。

2 伸びている枝を切る

切り口が乾燥し黒くなっている枝は、成長が止まっている枝です。このような枝は切らずに放置し、外側に伸びて成長している枝だけを切るようにします。株の中にもぐってしまっているような枝は、そのままにします。

成長が止まっている枝。切り口が黒くなっている。乾燥の影響や花がら切りが遅れたために枝が眠ってしまった状態。

3 2番花または3番花の枝を切る

樹形・樹高を考えて2番花または3番花が咲いた枝を切ります。深く切ってしまうと花芽ができるまでに時間がかかり、花が咲く前に冬を迎えてしまいます。実をつけてしまった枝は実を取るだけでかまいません。

枝を切る位置。夏の剪定は樹高を考えて、２番花または３番花の枝を切る。

4 新芽は残さない

夏剪定の時期にふくらんだ芽、伸び始めている芽は、そのまま残すと夏の間に咲いてしまいます。秋の花は秋につくられた芽で咲かせるため、新芽はピンチしておきましょう。剪定する枝の途中にふくらんだ芽がついている場合も、芽を残さず、その芽の下で切ります。

5 外芽・内芽は気にしなくてよい

枝を切るときに、外芽や内芽を気にする必要はありません。むしろ内芽と外芽をバランスよく残すと、木全体に花を咲かせられます。

6 株全体に日が当たるように配慮する

正面を低く、後ろのほうを高めに切ることで株全体に日が当たりやすくなります。３６０度見渡す株は、外側を低く、中心のほうを高くすると、株の内側にも日が当たります。

さまざまなタイプの夏剪定のポイント

成木に近い庭植えの株と、幼木の鉢植えの夏剪定です。幼木の場合は、剪定後に花を咲かせるのは切った枝のみで、ほかの枝のつぼみはピンチします。剪定した枝も、つぼみをひとつだけに絞りましょう。

剪定データ
樹形：ブッシュ・ローズ
系統：ハイブリッド・ティー
年数：植えつけ3年目

品種 **ファースト ブラッシュ**

同じ品種が２株並んでいる。上のほうに花が咲いた枝が伸びている。

左側が剪定した株。夏の剪定は、高めの位置で切るのがポイント。

翌年の冬剪定
↓
P150

夏剪定のポイント
やわらかい枝は深めに切る。外芽か内芽かは気にしなくてよい。

剪定データ
樹形：シュラブ・ローズ
系統：イングリッシュ・ローズ
年数：植えつけ３年目

品種 クイーン オブ スウェーデン

イングリッシュ・ローズには、夏剪定ができる品種とできない品種があります。また、新芽が出ていない状態で切ってしまうと花が咲かないため、そのような株は夏剪定はしません。

剪定前 どちらの株も同じ品種。株の中にかくれている枝は切らず、表にヒュンヒュン出ている枝を切る。

剪定後 左側が剪定した株。見る方向（前）を考えて、手前を低く、後ろを高めに切る。

翌年の冬剪定 ↓ P162

剪定
パターン
1

剪定データ
樹形：ブッシュ・ローズ
系統：ハイブリッド・ティー
年数：鉢替えから４カ月半の新苗

品種
ウェディング ベルズ

鉢植えのまま育てる株

４月に鉢替えした新苗をベランダに置く鉢用に剪定します。ベランダの限られたスペースに置くので、高さ60㎝くらいのコンパクトな樹形にそろえます。

剪定前 株の中心の枝で高さを決めて、それにあわせるように、ほぼまっすぐ平らに切る。

剪定後 枝の高さをそろえて切った。外に向かってつんつん出ている枝も切る。

翌年の
冬剪定
P149

夏剪定のポイント

春～夏に伸びたベーサルシュートは、株の高さをあせわて先端を切る。

花茎が伸びると、花は高さ100～120㎝くらいの位置で咲くようになる。

剪定パターン 2

庭に下ろす予定の株

４月に鉢替えした新苗を９月中旬に庭に植えつける予定で剪定します。庭植え用は樹高を少し高めにしたいので、高さ１m程度で切りそろえますが、花を見る方向を考えて手前を低く、後ろをやや高めにします。

剪定前 新苗を４月に鉢替えしたもの。高さ１２０cmほどに成長している。

剪定後 大人の親指くらいの太さの枝を主幹としてそのまま残し、全体を高さ１mほどに切りそろえた。この高さにしておくと、２、３年後には高さ１５０〜１６０cmになる。

翌年の冬剪定 ↓ P149

剪定データ
樹形：ブッシュ・ローズ
系統：フロリバンダ
年数：鉢替えから４カ月半の大苗

品種 **プチ トリアノン**

剪定前 ４月下旬に鉢替えした大苗を、現在の８号鉢のまま育てるつもりで剪定する。

剪定後 かたい枝は高く、やわらかい枝は低く、太い枝は高く、細い枝は低く切ることを意識する。高さ70cmくらいで切りそろえると、花は高さ100 〜 110cmで咲く。

翌年の冬剪定 ↓ P153

春の新芽が動き出す前に 冬の剪定作業

冬剪定の目的は、花数を制限して春によい花を咲かせることですが、それとともに今年のため、来年のための枝をつくっていく作業でもあります。不要な枝を取りのぞいて株を健康に保ちましょう。

冬剪定の適期は2月

枝がたくさん出ていると力が分散してしまい、よい花が咲きません。冬剪定では、まず、不要な枝と残す枝を見極め、全体の枝数を減らすことが大切です。

秋に花をつけなかった枝、やわらかい枝は不要な枝です。根もとから切り取りましょう。残すのは、秋に花が咲いた枝、樹皮が赤く色づいている枝です。秋に花が咲いたあと、寒さに当たって赤くなっているものは健康な枝です。不要な枝を整理したら、前年の剪定位置を基準にして高さをそろえて切っていきます。

一般的な品種の剪定の適期は、バラの根が動き出す1月～2月上旬です。バラは根が動き出し水分を吸い上げるようになると、3月に芽が伸び始めます。冬の剪定は芽が伸び始める前が最適なのです。遅くとも2月中にすませておきましょう。

つるバラの場合は、誘引（⬇P168）も兼ねて、12月末～1月に行います。

冬剪定のおもな目的

- □ 花数を制限し、よい花を咲かせる
- □ 不要な枝を取りのぞいて株を元気に健康にする
- □ 枝を整理することで、株全体の日当たり・風通しをよくする
- □ 樹形を整える

タイプ別 剪定の目安

原 種

全体を切るのではなく、倒れてしまった枝や枯れている枝を切る程度にします。新しい枝は残します。先端も切りません。

シュラブ・ローズ

半つる性でしなやかな枝が多いシュラブ・ローズは、おおよそ半分程度の高さを目安に切ります。

ブッシュ・ローズ ハイブリッド・ティー

花が大きめのハイブリッド・ティーは、おおよそ半分の高さを目安に切ります。

ブッシュ・ローズ フロリバンダ

花をたくさんつけるフロリバンダは、枝先から3分の1～半分の高さを目安に切ります。

ブッシュ・ローズ ミニバラ

おおよそ半分の高さを目安に切ります。中心はやや高め、外側をやや低めにして、株が丸くこんもりと見えるように剪定します。

冬剪定の見本

庭植えと鉢植えでは剪定の仕方も異なります。庭植えは枝を多く残し、高めの位置で剪定し、鉢植えはコンパクトに剪定します。

剪定データ
樹形：ブッシュ・ローズ
系統：ハイブリッド・ティー
年数：鉢替えから10カ月目の新苗

品種 **ウェディング ベルズ**

庭植え

剪定前
前年４月に鉢替えした新苗を秋に庭に下ろしたもの（夏の剪定➡P147）。枝を全部取ってしまうと株が大きくなりません。春に花を咲かせるのは、先を切った枝だけにし、あとはつぼみを取ってしまいます。

剪定後
まだ成木ではないので、葉っぱを増やすため細い枝を多く残して剪定を行います。枝を整理したあと、病害虫予防のために葉をむしり取ります。

成長の様子（春）
１月中旬の剪定から約４カ月後、５月上旬の様子。

鉢植え

剪定前
前年４月に鉢替えした新苗です。100～120㎝ほどに成長し、枝がしっかりと育っています。大輪種のため細めの枝は切り、直径が８㎜程度以上のものを残します。

剪定後
高さを３分の１ほどに切りつめ、葉はすべて取りのぞきます。鉢仕立てなので、低めに剪定しました。

冬剪定の基本 5つのポイント

ブッシュ・ローズのハイブリッド・ティー「ファースト ブラッシュ」を例にしながら、冬剪定のポイントを解説します。夏の剪定（⬇P144）から4カ月程度経っている状態です。

1 最初に枝を整理する

枯れ枝やこまかい枝は不要。枝が混んでいるところは力のある枝、健康な枝を残して、枝数を減らす。秋に花をつけた枝は残す。不要な枝は根もとから切り落とす。

剪定前

植えつけから4年目の株。花茎が伸び高さは2m以上。

剪定中

枝の整理が済んだ状態。株の中まで日が入るようにする。

冬剪定のポイント

樹皮が赤くなっているのは健康な枝。このような枝は残す。

古い枝は太いものが多いのでノコギリなどを使うとよい。

2 基本は2～3芽を残して剪定する

前年に伸びて、春に1番花を咲かせた枝を5㎝程度（芽が2～3ほど残るあたり）を残して切る。品種によっては枝の下のほうに芽がないことがあり、切りたいところに芽がないときには、少し上で切る。切るときは、芽の上5㎜程度の位置を切る。

5㎝程度残して切る

この枝はちょうどよい位置に芽がなかったため、少し高いところで切った

3 株全体を見ながら切る位置を決める

太い枝、かたい枝、早く出た枝は高い位置で切る。細い枝、やわらかい枝、遅く(9〜10月ごろ)出た枝は低い位置で切る。庭植えの場合は、正面から見て、手前を低く、うしろを高く切る。風通し、日当たりがよくなる。

高い位置で切ることを「浅く切る」、低い位置で切ることを「深く切る」ともいう。

4 シュートは短めに切る

シュートは、翌年、翌々年に剪定することを考えて、少し低めに切っておく。とくに、あまり大きく育てたくない鉢植えは、全体的に低めにするとよい。

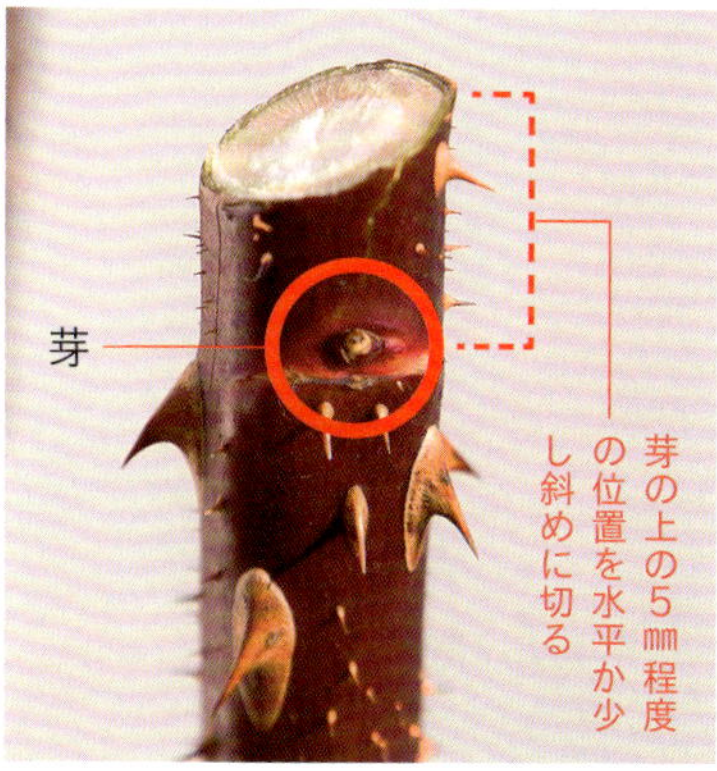
芽
芽の上の5㎜程度の位置を水平か少し斜めに切る

直立性の品種は外芽(➡P141)で切るが、剪定後に下の内芽が伸びてくることがあるので、その場合は芽かきで調節することもある。

5 剪定後の葉は取りのぞく

葉のつけ根や托葉の部分には、病原菌やアブラムシ、ハダニなどが越冬していることがある。病害虫を防ぐために、剪定した株は葉をすべてかき取っておく。

剪定後

剪定が終わった状態。葉はすべて取りのぞく。

右側は同じ品種の剪定前の株。およそ半分くらいの高さに剪定したのがわかる。このあとは、花茎が1mくらい伸びて花が咲くので、その後は花から切りで高さを調節する。

剪定5

枝数を多く残す 鉢植えの冬剪定

庭植えに比べて鉢植えで育てているバラは、一般に枝が細く、株の寿命も短くなりがちです。そのため、1本1本の枝を大切に育て、長く花を楽しめるように管理することが大切です。

剪定データ
樹形：ブッシュ・ローズ
系統：フロリバンダ
年数：晩秋の大苗

品種 エンチャンテッド イブニング

9月末から出回る大苗も、晩秋になると葉が出てきます。剪定は新しく伸びて葉を出した枝を、先端1㎝程度残して切ります。春には枝の脇から芽が出てきます。

新芽が伸び、葉をつけた大苗。

秋に伸びた芽を切る。

冬剪定のポイント 細い枝の先だけ剪定する。枝はつけ根から切らず1㎝程度残す。葉は取りのぞく。

剪定データ
樹形：ブッシュ・ローズ
系統：フロリバンダ
年数：鉢替えから10カ月目の大苗

品種　プチ トリアノン

新苗からスタートした株とは違い、一昨年の枝があります。これは８号鉢の鉢植えのままに育てていくので、枝は少し高めに切って、庭植えと同じような状態で咲かせます。何年も経つと枝が細くなってきますから、その後はこまかい剪定をします。

冬剪定のポイント
枝は少し高めに切って庭植えと同じようにいっぱい咲かせる。

剪定前
この品種は高めに切っていっぱい咲かせるタイプ。

剪定後
普通のコンパクトなつくり方とは違い、枝をたくさん出させる切り方をした。

剪定データ
樹形：ブッシュ・ローズ
系統：フロリバンダ
年数：鉢替えから10カ月目の新苗

品種　ブラッシング ノック アウト

前年４月下旬に鉢替えした新苗を育てた株で、全部前年の枝です。大輪（ハイブリッド・ティー）なら枝の太さ８㎜くらいで１本の花茎が伸びるとよい花が咲きますが、フロリバンダのため６㎜の枝も残します。

剪定前
たくさん枝があるが、すべて前年に伸びた枝。

剪定後
枝を多く残すように切り、たくさんの花を咲かせる。

冬剪定のポイント
枝は少し高めに切る。これは庭植えと同じように多く咲かせる剪定。鉢でも立派な株に見える。

剪定6

株をつくるための 幼木時期の冬剪定

バラは品種にもよりますが、新苗・大苗から成木になるまでに3年程度かかります。この間は葉をたくさんつけて光合成を盛んにするように、剪定も高い位置で切り、細い枝も残します。

剪定データ
樹形：ブッシュ・ローズ
系統：ハイブリッド・ティー
年数：植えつけ２年目

品種 **熱情**

早く大きくなる品種ですが、まだまだ幼木のため、葉を多くつけさせて、株を養うようにします。株を充実させるための剪定で、いらない枝を整理してから、少し高めに切り、葉を出させます。

剪定前
葉を多くつけるように、細い枝を残して管理していた。

剪定中
不要な枝を整理した状態。細い枝もまだ使えるものは残している。

剪定後
全体に高めに切って、枝を多く出す剪定。葉は取る。

剪定データ
樹形：ブッシュ・ローズ
系統：イングリッシュ・ローズ
年数：植えつけ2年目

品種 イエロー ボタン

まだ幼木ですから、剪定は、ほんの少し切る程度にします。春になったら、枝は1本だけ花を咲かせ、あとはつぼみを摘まむようにすると、早く株が充実してきます。

剪定前 幼木で、枝数は少ないが、高くして葉を多くつけさせていた。

剪定後 枝は切りつめず、細い枝も残している。

成長の様子（春）
1月中旬の剪定から約4カ月後、5月上旬の様子。

剪定データ
樹形：ブッシュ・ローズ
系統：フロリバンダ
年数：植えつけ３年目

品種 コスモス

肥料や水を多くやっていると、３年でも一人前の成木になる品種ですが、成長を急ぐ必要はないため、あまり肥料を与えず、樹高をやや低く育てています。もう１年くらい葉っぱをたくさんつけさせる必要があるので、3年目でも枝を長く残して葉を多くし、株を養うようにします。春〜夏はつぼみを摘み、花は少なめにして、株を大きくしていきます。

剪定前
３年目だが木は低い。葉を多くつけさせている。

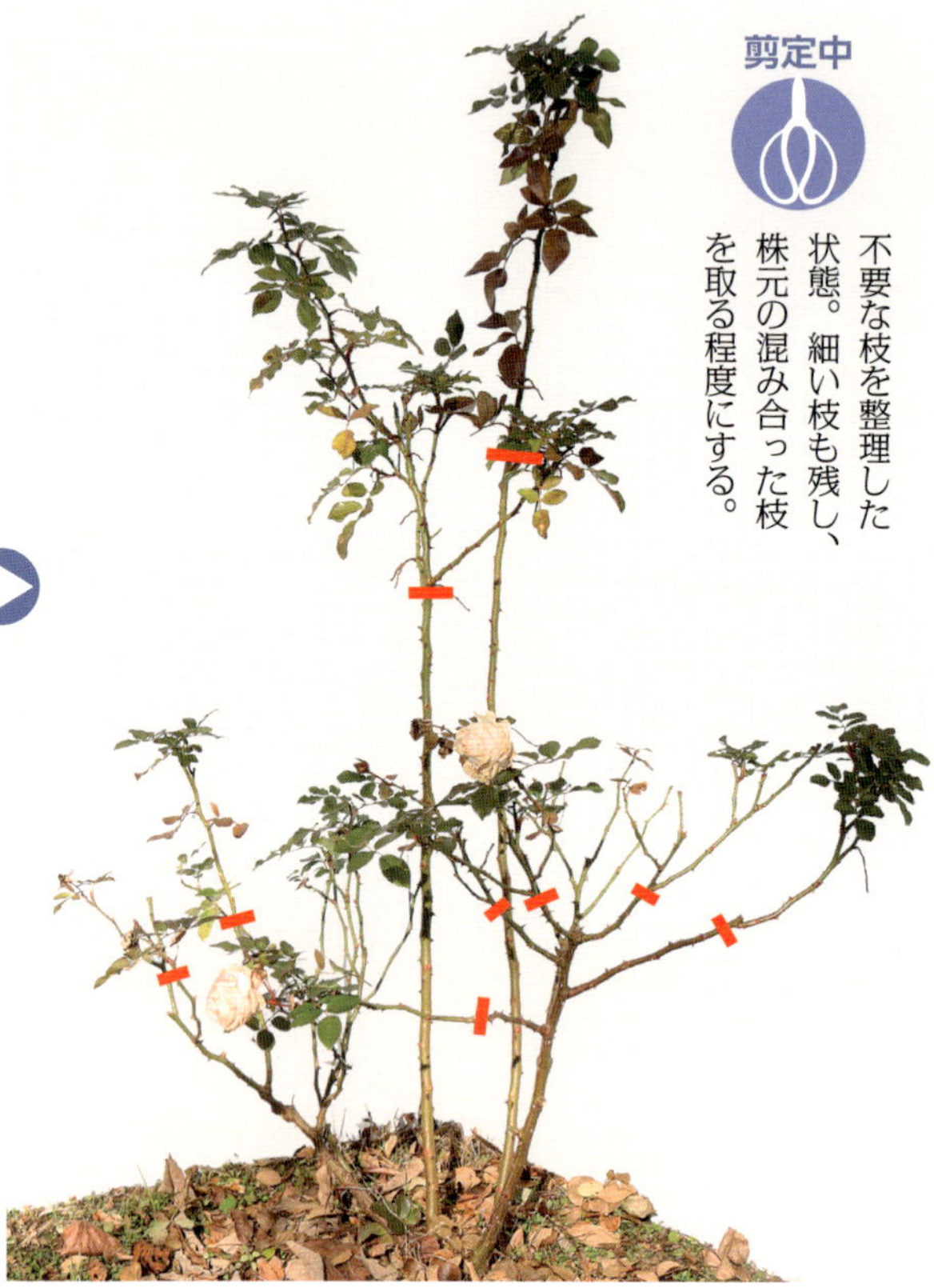

剪定中
不要な枝を整理した状態。細い枝も残し、株元の混み合った枝を取る程度にする。

剪定後
大輪だが、今はまだ枝を多く出させるため高めに剪定した。

剪定データ
樹形：シュラブ・ローズ
系統：イングリッシュ・ローズ
年数：植えつけ３年目

品種 トランク ウィリティー

丸３年経たないと成木になれない品種ですから、株は未完成です。株の充実を図るように少し高めに剪定し、細い枝は切ります。主幹を３本くらい残し、あとは葉っぱをつくる枝にして、将来は１mの高さになるように、少し高めの位置で切っておきます。

剪定前 丸２年を経て、成木に近くなってきている。

剪定後 葉を多くつけて株を養いたいので、枝は高い位置でベーサルシュートを切った。

冬剪定のポイント 主幹を３本くらい残して、細い枝は切る。

成長の様子（春）

１月中旬の剪定から約４カ月後、５月上旬の様子。

剪定⑦

〈剪定の実践〉ブッシュ・ローズ ハイブリッド・ティー

ハイブリッド・ティーのシュート更新しにくい品種と、スタンダート仕立ての剪定の見本です。一般的に、ハイブリッド・ティーの場合は、樹高の半分程度の高さで切るのが目安となります。

剪定データ
樹形：ブッシュ・ローズ
系統：ハイブリッド・ティー
年数：植えつけから4年目

品種 ザンガー ハウザー ユピレウムス ローゼ

横張り性でシュート更新しない品種です。年数が経つと劣化した枝が出てくるので、劣化した枝は株もとから切り取ります。分枝が多く花つきがよいのですが、枝が多いと花が小さくなりますから、大きな花を咲かせるために枝数を減らしましょう。横張り性の品種は、外芽だけを残すと枝がどんどん外に広がってしまうので、内芽も残すようにします。剪定では、日当たりよく、風通しよくしてやることも大切です。(外芽・内芽➡P141)

剪定前
わき芽を摘まんでおけばもっとシンプルな樹形になっていたはず。無駄な枝が出てきたら摘まんでおくと、剪定作業が楽になる。わき芽かきは風通しもよくしてくれる。

剪定中
勢いの衰えてきた枝は切り取る。大輪の花をつける枝は太さ8㎜程度のものを目安にし、それ以下の枝は整理する。

剪定後
横張りのため、外芽にかぎらず内芽も残し、少し高めでもバランスを考えて切る。細い枝は短く切る。

剪定データ

樹形：ブッシュ・ローズ

系統：ハイブリッド・ティー

年数：植えつけから３年目

品種 **エリナ**

スタンダード仕立てのハイブリッド・ティーです。成木になってきているため、最初のころに長めに残した枝をなくしていく時期です。残してきた枝はかたく骨っぽくなっています。日当たりのよいところに植えられていますから、中心を高く、周辺を低く切りそろえます。大輪品種のため、枝数を制限し、いい株にしていくと花も増大きくなります。

剪定前　幼木時は、葉を多くつけて株を充実させるため、枝を長く残していた。

剪定後　これまでは長く残していた枝を短く切って、成木に近い樹形にする。

バラマイスター鈴木のとっておきレクチャー

側枝がたくさんあるときは、残す枝数を制限しましょう

冬の剪定は、前年の開花枝を剪定するのが基本です。しかし、太い枝から何本も開花枝（側枝）が出ている場合は、すべての枝を残してしまうと、力が分散され、充実した枝が育ちにくくなります。開花枝が多い場合は、枝数を制限する必要があるのです。

開花枝を出している元の枝が、どのくらい充実しているかで、残す側枝の数を決めましょう。太く充実した枝から出ている側枝なら、３本程度残しても大丈夫です。細い枝から出ているものは１本、中ぐらいの太さの枝から出ているものは２本残します。取りのぞく枝は根もとから切りましょう。残した側枝（開花枝）は、芽を２つほど残して剪定します。

〈剪定の実践〉ブッシュ・ローズ
フロリバンダ

剪定データ
樹形：ブッシュ・ローズ
系統：フロリバンダ
年数：植えつけから4年目

品種 **伊豆の踊子**

直立性で、シュート更新するタイプです。フロリバンダは大輪品種に比べて少し多めに枝を残します。去年咲いた枝は、今年も咲きますが、枝が多すぎると、力が分散するので注意します。

新しい枝が出やすいので、成長が止まっている枝、樹皮が緑色のままで色づいていない枝は、太くても切る。

不要な枝を取りのぞいた状態。太くしっかりした枝が残っている。

全体的には樹高の半分くらいに剪定し、手前を低く、背面を高く仕上げた。

フロリバンダの剪定の見本です。フロリバンダの場合は、花が小さめなので枝を多く残すようにします。樹高の半分から3分の2程度の高さを目安に剪定するとよいでしょう。

太い枝は、ハサミで無理に切ると枝がくさりやすくなるので、のこぎりで切ったほうがよい。

冬剪定のポイント

サイドシュートは低めに切る。直立のため基本的には外芽で切るが、こだわる必要はない。

剪定データ
樹形：ブッシュ・ローズ
系統：フロリバンダ
年数：植えつけから４年目

品種　ユリイカ

横張り性で、バラには少ない明るいオレンジ色の花が特徴です。咲きながら大きくなっていくというめずらしいタイプの品種です。

剪定前　年数とともに花数が増える。寒さに強いので、夏が涼しい東北では関東よりもよい花が咲く。

剪定後　全体的には樹高の３分の１程度の高さで剪定している。剪定後は残った葉をすべて取りのぞく。

剪定中　不要な枝を取りのぞいた状態。

バラマイスター鈴木のとっておきレクチャー

剪定をせずに育ててしまった株は、まずは半分の高さに切ります

冬剪定の基本は「前年に伸びて、春に１番花を咲かせた枝を切る」ということです。しかし、これまで剪定をしたことのない株や、前年に剪定作業をしていない株は、基本どおりにはできません。そのような場合は、現在の樹高の半分を目安に剪定し、仕立て直します。

〈剪定の実践〉イングリッシュ・ローズなど
シュラブ・ローズ

イングリッシュ・ローズなどのシュラブ・ローズの剪定見本です。シュラブ・ローズの場合は、樹高の半分程度に切るのが目安です。枝数が多いものは数を減らして大きな花を咲かせるようにしましょう。

剪定データ
樹形：シュラブ・ローズ
系統：イングリッシュ・ローズ
年数：植えつけから４年目

品種 **クイーン　オブ　スウェーデン**

枝を切りすぎると成木までに時間がかかるため、幼木期は本来の剪定をせずに、細い枝も残します。この株は４年目なので、今年から細い枝は整理し成木の剪定に。２㎝程度の太いシュートは、今後さらに成長した際、もう少し下で切ります。

剪定前 土になじんで樹高が伸びてきてしまった。これまでは、株を養うために細い枝を残してきた。

剪定中 不要な枝を取りのぞいた状態。直径が2㎝程度の太いシュートだが、秋までしっかり葉が残っているので将来性のある枝といえる。剪定は樹高の高さの半分を目安にする。

剪定後 樹高の半分程度に仕上がった。充実しているシュートは、来年以降の剪定の高さを考慮して、通常よりも20㎝ぐらい低く切る。

成長の様子（春）
１月中旬の剪定から約４カ月後、５月上旬の様子。

剪定データ
樹形：シュラブ・ローズ
系統：イングリッシュ・ローズ
年数：植えつけから17～18年の成木

品種 パット オースチン

この品種はそれほど花が大きくないので、太さ７㎜の細い枝でも咲かせられます。ただし、枝数が多く細すぎると花は小さくなるので、枝数を制限し少し大きく咲かせます。イングリッシュ・ローズとしては四季咲き性が強いので、ほかの四季咲きバラと同じように剪定します。「アンブリッジ ローズ」と「シャリフハスマー」なども同様に剪定できます。

株ががっしりしているので、大きく咲かせられる。

樹高の半分ほどの高さで切りそろえる。枯れた枝は株元から切り取って、株の中まで日が入るようにする。

剪定データ
樹形：シュラブ・ローズ
系統：イングリッシュ・ローズ
年数：植えつけから17～18年の成木

品種 グラハム トーマス

一回剪定をきれいにしておけば、次の年からは、それをなぞることできれいに剪定できます。「グラハム トーマス」はつるバラに近いのですが、毎年、深く剪定していると、つるがおだやかになります。大輪ですが、イングリッシュ・ローズとしては花弁が多くないので、８㎜より細い枝でも残します。

剪定前

途中から枝が出る性質があり、枝が混み合うことがある。

剪定後

少し強めに剪定をして、ブッシュ・ローズのように仕立てた。

Lesson 4

剪定⑩

〈剪定の実践〉オールド・ローズと原種

オールド・ローズと原種の剪定の見本です。一季咲きの品種の剪定は3年に1度くらいでかまいません。基本的には、下に倒れた枝だけを切ればよく、枝の先端は切らないようにします。

剪定データ
樹形：シュラブ・ローズ
系統：オールド・ロース（モス・ローズ）
年数：植えつけから17～18年の成木

品種 **レネ ダンジュー**

古い枝が地面につき新しい枝がその上に伸びてくるため、地面についた枝を切って取りのぞきます。わからなければ一番下の枝を切ればよいでしょう。昨年以前の枝が残っていても、気にする必要はありません。オールド・ローズのなかの、モス、ダマスク、ケンティフォリア、ブルボンの一季咲きのものなどは、この方法で剪定します。

剪定前　古い枝が地面について、そこから新しい枝が伸びている。

剪定後　横に倒れた枝を切り、上に伸びた枝の先は切らない。枝に残った葉はかき取る。

冬剪定のポイント　地面についた枝はベーサルシュートの手前で切る。

成長の様子（春）
5月上旬の様子。

剪定データ
樹形：ブッシュ・ローズ
系統：オールド・ロース（ブルボン・ローズ）
年数：植えつけから17～18年の成木

品種 スヴニール ドゥ ラ マルメゾン

四季咲きのため、フロリバンダと同じような剪定をします。花がつく枝でも、共倒れを防ぐために全体的に枝の数を減らします。ブルボン・ローズは、毎年剪定しないときれいな樹形にはなりません。

剪定前 花がら切りをしなくても枝が伸びて、あちこちに出ている。

剪定後 高さはほぼ半分になった。枝の数を減らし、株元に日が入るようになる。

成長の様子（春）
5月上旬の様子。このあと開花がすすむ。

冬剪定のポイント
全体的には半分程度の高さに仕上げるが、樹形を考慮して中心の枝はやや長めに、外側の枝は短めに剪定する。

剪定データ

樹形：ブッシュ・ローズ

系統：原種

年数：植えつけから17～18年の成木

品種 ロサ キネンシス オールド ブラッシュ

四季咲き性のシュート更新をする品種です。成木になるとつるバラのように伸び、まとまりがない樹形になってしまいがちなので、剪定して株元まで日を当てるようにします。直立性のため、外芽で切って、外側に向かって伸びていくようにしてやります。

剪定前

枝が混みあい、株の中に日が当たりにくくなっている。

剪定後

剪定前の２分の１程度の高さになった。剪定によって株もとに日が入る。

成長の様子（春）

５月上旬の様子。たくさんの花が咲き、残りのつぼみも開花する。

剪定データ
樹形：シュラブ・ローズ
系統：原種
年数：植えつけから17〜18年の成木

品種

ロサ カニーナ

実をつけるバラ、ローズヒップを取るバラです。野生のバラは枝の先端を切らずに、枝垂れる感じの野生っぽい樹形に仕立てましょう。赤く色づいているものは前年に出た枝で、それだけを残し、余計な枝を整理すると、株元に日がよく当たって毎年よく実ります。

剪定前　年に1回しか咲かないものは、日当たりがよいと、肥料をやらなくても枝がよく繁る。

剪定後　新しい枝、前年の枝だけ残して、株元に日が入るようにする。

実がついている枝は切り取る。前年に伸びたサイドシュートで切る。

冬剪定のポイント　枯れ枝は、極力ハサミを使わずにのこぎりを使って切る。樹皮が赤い枝だけ残す。

剪定と一緒に行う つるバラの誘引

つるバラの枝をアーチやフェンス、壁面などにはわせて結わえる作業を誘引といいます。きれいに誘引されたつるバラがいっせいに咲くと見事なものです。誘引のコツを覚えて作業ができるようになりましょう。

誘引の適期は12月下旬〜1月上旬

つるバラは、アーチやフェンスなどに誘引することで、開花時に華やかな空間を演出できます。

誘引の時期は気温が下がりバラが休眠に入ってからで、関東地方ではクリスマス後のころがもっとも適しています。誘引は剪定とあわせて行うので、11月に誘引してしまうと株の休眠前に芽が出てしまいます。休眠前に出た芽は寒さで傷み、花が咲かないことがあります。また、2月以降になると、動きはじめた芽を誘引作業中に傷つけてしまうことがあります。つるバラの剪定・誘引は、遅くとも1月上旬までにはすませます。

不要な枝を取りのぞく剪定は、誘引の前に行います。枝に残っている葉は、アブラムシやハダニが越冬していることがあるので、すべてむしり取ります。

誘引に必要な道具

剪定バサミ

のこぎり

手袋

アームカバー

MEMO アームカバーは事務用の薄手のものだと、バラのトゲを防ぐことができないため、厚手のしっかりした素材のものを選ぶ。

麻ひもまたはシュロ縄

MEMO 結束用のひもは、直径2.5㎜程度のものが結びやすく、太い枝を結わえるときには二重にして使う。ビニール製や針金のようなものは避け、麻ひもやシュロ縄など、時間がかかっても腐ってなくなるものを使う。

荒縄

MEMO 荒縄は作業中じゃまになる枝をまとめて結わえておくのに便利。

誘引作業のじゃまになる枝は、同じ方向を向いている枝をまとめて縛り、横に引っぱっておくと、引っかかったりしないで作業が楽にできる。

つるバラの剪定と誘引　5つのポイント

1 花が咲いた枝を5㎝残して剪定する

1本の枝が数年間生きるので、最初から長く切ると、徐々に長くなって花がたれ下がってしまいます。太い枝は若干短くても構いませんが、通常は来年以降のことを考えて、5㎝を目安に切ります。

枝はつけ根から5㎝くらい上で切る。

2 シュート更新しない品種は古い誘引を解かなくてよい

シュート更新する品種は、古い誘引を解いて、全部やり直しますが、シュート更新しない品種は、枝の寿命が長いので、古い誘引を解かずに作業します。新しい枝は古い枝の間に配置したり、咲かない枝に重ねたりしていきます。年月が経つと、細い枝が多くなったり、日陰になって枯れ枝が増えたりするので、数年に1回、すべての誘引を解いてやり直すこともあります。

3 枝はしっかりときつく結わえる

ゆるく結んでおくと枝がこすれて傷ついてしまいます。また、構造物と枝の間に葉がつきますが、葉の役割を果たす前に落葉してしまうため、株にとってはムダな力を使うことになります。結ぶ位置は30～40㎝間隔が基本です。よく伸びる品種は1ｍぐらいあけて結わえてもよいでしょう。

枝を結わえるときは、どんな結わえ方でもよいが、なるべく構造物に密着させてしっかりと縛る。

4 壁面は枝を重ねないように平らに誘引する

枝をできるだけ重ねずに平らに誘引すると、枝にまんべんなく日が当たるようになり、花がきれいに咲きそろい、病害虫を防ぐ効果もあります。枝と枝の間隔は、大輪品種で5～10㎝、中輪で5～7㎝、小輪で5㎝程度にします。

枝は花の大きさにあわせて一定の間隔をあけて、なるべく平らに誘引すると、来年の誘引が楽になる。

5 枝の先端は切らずに上に向ける

枝は、先端がやわらかいからといって切る必要はありませんが、気温が下がってから出た枝は、先端を20～30㎝程度切ります。また、一般的な品種は枝の先端は必ず上に向けておくようにします。品種によって枝が垂れる性質のものは、先端を下げてもかまいません。

枝の先端は上を向けておく。

フェンスなどに行う 平面的な誘引

一般的なフェンスへの誘引例です。シュート更新しない品種の場合は、古い誘引を解かずに、枝の整理(剪定)からスタートします。枝を整理し、葉を全部落としてから誘引作業に入ります。

剪定データ
誘引物：フェンス
樹高：200～300cm
花径：中輪

品種 **ニュー ドーン**

古い誘引を解かない場合

ニュー ドーンは、ときにシュートが出ることがありますが、基本的にはシュート更新しない品種です。こういう品種は枝の寿命が長いので、古い誘引をほどかず、今年出た枝は古い枝の間や、枝のない部分に入れるようにして誘引していきます。最初に剪定をして、古い枝や枯れた枝、力のない枝などを整理します。ニュー ドーンは比較的細い枝でも咲きますので、前年に花をつけた枝を残すようにします。葉は、病害虫予防のためにすべてかき取ってしまいましょう。ニュー ドーンのような中輪品種は枝と枝の間を５㎝くらいの間隔で誘引します。

1 剪定前の観察

フェンスをはさんで両側に枝が伸びている。植えてから10年以上経っているので、若い枝は少なくなっている。

2 剪定する

細すぎる枝や枯れた枝は根もとから切る。

残す枝はつけ根から5㎝くらいのところで切っていく。切り口の下の芽が伸びて花が咲く。

3 葉をすべて取る

剪定したあとは、病害虫予防のために残っている葉をすべて取る。

4 飛び出ている枝を結わえる

前面に飛び出してしまった枝は、花の重みで垂れ下がってしまわないように古い枝に結わえておく。

5 花つきのバランスをとる

全体に花がつくようにするため、古い枝に新しい枝を結わえてもかまわない。

誘引のポイント

寒さに当たって樹皮が赤く色づいている枝は、充実している証拠。こういう枝は残して誘引する。

6 枝を配置する

枝を配置していく。中輪品種は枝の間隔を５㎝くらいあけて、古い枝の間に新しい枝を誘引し固定する。

7 誘引の完成

これから上へ上へと成長するベーサルシュートや太い枝は下のほうに配置した。

成長の様子（春）

12月24日に誘引した株の翌年５月上旬の様子。花茎が20㎝ほど伸びてつぼみがついている。５月中旬にはいっせいに花が咲く。

剪定データ
誘引物：フェンス
樹高：200～300cm
花径：大輪

品種

ピエール　ドゥ　ロンサール

古い誘引を解く場合

中間的なシュート更新のタイプなので、古いひもを外して誘引をやり直します。大輪ですが、つるバラは太さ８㎜くらいの枝に花をつけ、あまり太い枝には花をつけませんから、太すぎて花の咲かない枝は切り取ります。枝が多すぎると栄養が行きわたらず、まんべんなくきれいに咲かせることができなくなります。

大輪品種では、枝の間隔を少し広めにして誘引します。せまいと葉ばかり出て花がつかなくなりますので、５～10㎝ほどの間隔にしましょう。

1 剪定前の観察

この年は梅雨が短く、夏が涼しかったために枝がたくさん出て、葉が多く残っている。

2 古い誘引を外す

枝が多いので、古い誘引を外してやり直す。

誘引のポイント

同じ方向を向いている枝をまとめて縛り、じゃまにならないようによけておく。

3 剪定する

劣化した枝は切る。また、あまり太すぎる枝や細すぎる枝も花がつかないので剪定で取りのぞく。８㎜くらいがよい。

4 剪定完了

剪定が完了した状態。

5 枝の配置を考える

大輪品種なので、枝と枝の間隔を少し広めに開けて誘引する。太い枝をどこに入れるか、枝の配置を考えて誘引する。

6 誘引する

フェンスの上部にも枝を結ぶ。

枝が等間隔になるようにする。

フェンスにすき間ができないようにする。

7 誘引の完成

枝の位置が低すぎると日当たりが悪くなり病害虫が出やすくなる。高すぎると花が見えなくなる。全体にバランスよく咲くように誘引する。

成長の様子（春）

12月24日に誘引した株の翌年５月上旬の様子。葉がしげり、つぼみがたくさんついている。

枝が裂けてしまったとき

裂けてしまった枝を見つけたら、ひもや縄を巻いて、裂け目が広がらないようにしておきます。枝が縦に裂けただけならば、養分や水分は通りますから、枯れる心配はありません。ひもの代わりに麻の布を包帯状に切って巻いておいてもよいでしょう。

Lesson 4

誘引③

ポールなどに行う 立体的な誘引

剪定データ
誘引物：ポール
樹高：200～300cm
花径：小輪

品種　つる桜霞

太いシュートは曲げられないので、最初にほとんどまっすぐにポールに添わせて止めてしまいます。その後も、曲げにくい枝から順番に誘引して、最後に細い枝をポールに巻きつけるようにして止めていくのがポイントです。

1 剪定前の観察

寒さに当たって葉が赤くなっている。

2 古い枝を整理する

古い誘引をほどき、太い枝、細い枝、絡み合った枝を扱いやすく分けておく。

3 剪定する

古い誘引をほどきながら剪定も行う。春に花をつけた枝はつけ根から5㎝くらいのところで切る。

4 太いシュートをポールに止める

太い枝から誘引していく。太いシュートは自由に曲げられないので、最初にポールに止めておく。

ポールへの誘引は、オベリスクにも応用できます。下から上へ、太い枝から細い枝の順に誘引しましょう。新しい品種は、枝を曲げなくても株もとから花が咲くので太い枝を無理に巻きつける必要はありません。

5 誘引する

枝は太いものから細いものの順に、下からポールに巻きつけるようにして止めていく。

6 誘引の完成

なるべく枝を重ねないように、間隔を開けて同じ方向に巻きつけながら誘引した。

誘引のポイント

枝が外側にふくらんでしまった部分も、下に枝を入れると風通しが悪くなるので、そのままにしておく。

バラマイスター鈴木のとっておきレクチャー

枝にひもをひと巻きしてから固定しましょう

円筒形のポールのように、引っかかる部分が何もないものに誘引するときは、単純にひもで枝を押さえただけでは、枝が戻ってしまい止めることができません。枝にひもを一回巻きつけると、枝が動かず固定できます。また、柱のところどころに釘を打っておくとひもが巻きやすくなります。

❶ 枝にひもを巻きつけかた結びで結ぶ。

❷ 枝をポールにぴったりつける。

❸ 枝をポールにつけたまま、ひもをポールに巻きつける。

❹ ポールに巻つけたひもをかた結びでしっかり結ぶ。

Lesson 4

誘引❹

つるバラの仕立て方はさまざま いろいろな誘引例

ベット仕立て、アーチ仕立て、ポール仕立てなど、さまざまなものに誘引ができます。また、シュラブ・ローズをつるバラのように仕立てることも可能です。春にはたくさんの花を楽しみましょう。

ベッド仕立て

— 品種 —
ローブリッター

枝を横に寝かせるとたくさん花茎が立つ品種は、このような仕立て方ができる。比較的花茎が短い品種が適していて、花を上から眺めることができる。

12月下旬に誘引し
翌年5月の様子。

12月下旬に誘引し
翌年5月の様子。

アーチ仕立て

— 品種 —
ローゼンドルフ
シュパリースホップ（手前）
サハラ '98（奥）

枝の低い位置にも花がつく品種は、アーチにすると、全体に花がついて豪華になる。庭の入り口や通路などに適する。

直立性シュラブをつるバラのように

シュラブ・ローズの「ベルロマンティカ」をつるバラのように仕立てました。株の左半分は普通に剪定してシュラブ・ローズとして、右半分は枝を長く伸ばしてつるバラのようにポールに誘引しています。ひとつの株で2つの楽しみ方ができます。

ポール仕立て

— 品種 —
フランシス

大きめのポールに誘引した例。枝は時計回りと反時計回りの2つの方向で巻いてある。比較的枝が多く、長く伸びる品種が適している。

12月下旬に誘引し翌年5月の様子。

棚仕立て

— 品種 —
つるアイスバーグ

株の下のほうには花がつかない品種は、アーチよりも棚仕立てにして、枝垂れるように咲かせるのもよい。

12月下旬に誘引し翌年5月の様子。

直線的な誘引

— 品種 —
グランデアモーレ

枝をほとんど曲げないで直線的に誘引した例。枝を曲げなくても花茎を出す品種が適している。緑のカーテンのように使うこともできる。

12月下旬に誘引し翌年5月の様子。

Lesson 4

ミニバラ

病害虫対策をしっかりと ミニバラを育てるコツ

室内や窓辺を飾るアイテムとして手軽に購入できるミニバラ。どうせなら、枯らさずに長く楽しみたいものです。栽培のポイントを知り、上手にお手入れができるようになりましょう。

ミニバラ栽培のポイント

- □ ハダニの対策をしっかりと行う
- □ 黒星病の発生を抑えるよう注意する
- □ 花がら切りを行う
- □ ベーサルシュートのピンチを行う
- □ 鉢植えの場合は、鉢替えや土替えを行う
- □ 鉢植えの場合は、追肥を行う（➡ P96）

お手入れ 1 花がら切り

花がら切りの目的は、ミニバラもほかのバラと同じです（➡P138）。四季咲き性の品種では、花が咲いたあとに果実をつけず、つぎの花芽をスムーズにつけさせるために行います。また、病気を除去する目的もあります。花びらに灰色かび病などがついていることがあるので、元気な花に病気を広げないよう、切り取った花がらは庭や鉢に落とさず処分しましょう。

花が終わりかけた状態ではさみで切るか、指で折り取るようにします。房咲きの場合は、終わりかけた花からひとつずつ摘んでいくようにします。

花茎のもとから2㎝程度の位置を切る。

止葉の上部は摘み取りやすく、取ったあとも見苦しくない。中指を軸にしながら爪を立てないように。

お手入れ ② ハダニ駆除

ハダニは、戸外では5月～11月に被害が多くなりますが、室内では1年中見られます。ハダニは、「明日、駆除しよう」ではだめです。見つけたらすぐに手でこすって潰します。ダニは繁殖力が強く、2カ月もすると薬に対する耐性を持った孫の世代になります。孫が出現する前に駆除しましょう。葉の裏に勢いよく水を当ててダニを吹き飛ばす方法は、夏は毎日、冬でも天気のよい日はやってかまいません。根気よく、徹底的に1週間続ければほぼ退治できます。そのあと、農薬を散布します（➡P190）。花びらの中に入っていた場合は、花を切って処分し、同様に水をかけて退治します。

◀鉢を横にして、葉の裏からダニを吹き飛ばすように水を当てる。冬も、天気がよければ毎日やる。

手入れのポイント ホースの場合は、口をおさえて水圧を上げる。

お手入れ ③ 冬の剪定

ミニバラの冬剪定は、成木であれば樹高の半分くらいまで刈り込んでかまいません。ブッシュタイプは、中心を少し高めに、外側を低めに刈り込み、花枝が伸びたときにこんもりとした樹形になるように整えます。剪定の仕方はほかのバラと同じ手順で行います。

スノーメイアンディナ

手入れのポイント 枝がこまかいので、1芽ずつていねいに切り、枝1本ずつ仕上げるようにする。剪定後に残った葉は、すべて取りのぞく。

その後の作業リスト
ミニバラ

12月中旬～1月中旬	つるバラの剪定と誘引	➡P168
12月中旬 ～2月上旬	寒肥	➡P113
2月～3月上旬	鉢替え	➡P96
3月	わき芽かき	➡P134
3月～11月	病気と害虫の防除	➡P188
4月中旬 ～下旬	つぼみのピンチ	➡P136
5月～9月	ベーサルシュートのピンチ	➡P130
9月上旬	夏剪定	➡P142

Lesson 4

生理障害

暑さ・寒さ・強風など 季節にあわせた管理

バラは夏の猛暑や冬の寒さで株の状態が悪くなることがあります。また強風によって枝が折れてしまうこともあります。厳冬期や真夏、台風などを乗りきるためのちょっとした工夫を知っておきましょう。

暑さ対策

水やりは早朝に行う

普段水やりをしない庭植えも、晴天が続いて地面が乾燥しているときは水をやります。水やりは、気温が上がる前の早朝に行い、ホースの中にたまっている温まった水を全部抜いて水が冷たくなってからかけるようにしましょう。高温乾燥が続くときには、夕方も水やりをします。

鉢植えは風通しのよい場所に

鉢植えのバラは、輻射熱のあるコンクリートの上でなく土の地面に置きます。風通しも確保しましょう。ベランダでは、園芸用の遮光ネットなどで覆いをつくり、その下に鉢を置くのも暑さを和らげる方法です。ただし、まったく日が当たらなくなると生育が悪くなるので、午後

寒さ対策

寒さに耐える株をつくる

晩秋に花を咲かせたあとは、花がらだけを摘み取り、葉を多く残します。これにより、葉の養分が枝に戻り、株が充実し寒さに耐えられるようになります。また、肥料を与えすぎると寒さの害を受けやすくなるので、過剰に与えないようにします。

株の根元にワラのマルチをする

株の根元をワラやもみ殻くん炭などで覆っておくだけでも防寒になります。11月以降に植えつけた大苗は、支柱で屋根をつくり不織布などで覆っておくとよいでしょう（⬇P109）。

根元をワラやもみ殻くん炭などで覆ってやると、寒さをしのぎやすくなる。

株全体を囲いで覆う

外気温が氷点下になり、地面が凍る地域では、落ち葉や堆肥で防寒します。軽く剪定した枝をひもでまとめてから樹高の半分程度の高さまで波板やシートで囲い、なかに落ち葉や堆肥をつめておく

積雪地域は雪囲いをする

積雪地帯では雪の重みでバラの枝が折れてしまうことがあるので、雪が積もる前に雪囲いをしましょう。軽く剪定してから、株のまわりに支柱を立てて不織布などで覆います。

つるバラは誘引を外して、軽く剪定したあと同じように囲っておきます。本格的な剪定は、雪が溶けてから行います。

だけ覆いをかけるなど工夫が必要です。

暑さに弱い品種は、夏の間はつぼみを摘んで花を咲かせないようにします。鉢植えの場合は、排水のよい土に植え替えましょう。

暑さの影響で見られる生理現象

猛暑のために成長を止めてしまうと、葉が黄色くなってくる。

台風対策

強風の影響で見られる生理現象

風にあおられて傷ついた葉。台風や強風にあおられると、自分のトゲで葉が傷ついてしまうことがある。

支柱を立てて誘引を

近年は、勢力の強い台風に限らず、急な豪雨や突風などの発生も増えています。ブッシュ・ローズやシュラブ・ローズは普段、支柱を立てないほうがよいのですが、強い風雨が予想されるときには支柱を立てて誘引しておきましょう。ひもで枝全体を巻いて、ひとまとめしてもかまいません。台風の通過後は、なるべく早く誘引を解きます。

鉢植えは移動して避難を

鉢植えは、風のあたらない場所に避難させます。大きな鉢は、あらかじめ横に倒しておくとよいでしょう。台風の通過後、葉が傷んでしまったような場合は、病害虫予防のために薬剤を散布しておきます。

寒さの影響で見られる生理現象

葉とび。寒させいで、葉の成長が途中で止まった状態。

葉に白や黒いやけどができることがある。ちぢれてしまった葉は栄養をつくれず自然に落ちてしまう。

花茎の長さは寒いと伸びず、暖かいと長くなる。寒さで花茎が伸びず、あとから伸びた枝に埋もれてしまった「テディベア」。

もっと知りたい！

お手入れのQ&A

Q
バラづくりでは
なぜ剪定が大事なのですか？

A　四季咲き性のバラは剪定をしないと、樹形が保てません。冬の剪定のほか、ベーサルシュートのピンチ、花がら切り、秋の整枝、春の芽かき、この５つの作業を組み合わせて、樹形を保つようにしましょう。

剪定をしないまま放置していると、細い枝が増えてよい花が咲かなくなります。よい花というのは、ひとつひとつの花茎が長くまっすぐで、葉の形や色がよく、花の形や花弁の数、色や香りがその品種の特徴となっている花です。剪定をしなければ、よい花を咲かせるのはむずかしくなります。また枝が混みすぎてくると日当たりも風通しも悪くなり、害虫や病気の発生も増えてきます。

見た目もきれいな状態で花を咲かせて楽しむことが大切です。

Q
一季咲き性のモッコウバラは、
いつ剪定すればいいですか？

A　５月に花がすんだら、すぐにバッサリと剪定または刈り込みしてしまいます。関東以西では、その後６月下旬に、１回目より軽く剪定や刈り込みをします。

株に元気のある「モッコウバラ」はシュートを根もとから切ります。勢いのある強い枝や、古い枝を覆うように伸びた枝も切ります。こうすると、株の勢いが弱まって短い細い枝が出てきます。この細い枝に花が咲くのです。「キモッコウバラ」や「シロモッコウバラ」は８月ごろに翌年の花芽がつくられますから、ほかのバラのように１月～２月に剪定や誘引をすると、花芽を傷めたり落としたりして花数が減ってしまいます。

Q
２月中に冬剪定ができず、
新芽が出てしまいました。
これから剪定してもよいでしょうか？

A　３月はすでに休眠が解けて活動が始まる時期ですが、そのままにするよりはよいでしょう。すぐにやるべきです。新芽が動いてからの剪定はリスクを伴いますが、気づいたときにすぐ行えばリスクも最小限に抑えられます。

バラは休眠期に剪定を行うと、春には下のほうからも新芽が出て、株全体に芽がつくようになります。しかし、休眠期が過ぎ、新芽が出始めてから剪定をすると、その後は上部のほうしか芽が伸びなくなります。上部の芽しか動かない状態だと花数が減り、花茎も細く短くなってしまいます。

また、休眠が解けたバラは、根から水や養分を吸い上げ始めますが、その時期に剪定をすると、水の吸収が止まり樹液を出すために余計な体力を使うことになってしまいます。そのため、充実した株がつくれなくなってしまいます。

剪定作業は遅くとも２月中にすませて、休眠から覚めたら順調に成長を始められるように管理しましょう。

Q
ミニバラの鉢植えを室内に置いていたら、どんどん葉が落ちてしまいました。

A 日照不足、水のやりすぎで根ぐされを起こしてしまった、あるいは室内が乾燥していたためにハダニが発生したなどの原因が考えられます。最近は日陰でも育つ品種もありますが、何日も室内に置いておくのは好ましくありません。なるべく窓辺に置くか、あるいは日中は戸外に出すようにしましょう。乾燥しているとハダニが発生しやすくなりますので、こまめに防除します（➡P179）。

Q
バラの追肥に化成肥料を使っています。最近、葉の縁が黄色く変色して、落葉するようになってしまいました。

A 葉の縁が枯れたようになっているのでしたら、たいへんです。化成肥料のやりすぎでECが高くなったことが原因として考えられます。また、植物の成長に必要な微量要素が不足している可能性もあります。植え替えても助からないことが多いでしょう。

ECとは土壌の電気伝導度のことです。ECが高くなると、土壌に塩類が多くなっていることがわかります。化成肥料に含まれる塩類（硝酸塩や硫酸塩などの無機塩類）が土壌中にたまってくるのです。ECは計測器で確認できます。

庭植えの場合は、すぐに症状が出ることはありませんが、鉢植えはすぐに出ます。測定値が高くなっているようなら、鉢植えなら土を入れ替えましょう。庭植えは、あとから植えたバラが育たなくなることがあります。土替えが無理ならば天地返しといって、深く掘り返して表層の土と深層の土を入れ替える方法があります。

バラの栽培では、土壌に硝酸塩や硫酸塩などがたまらないように、有機質肥料を使うことをおすすめします。

先がほうき状になったベーサルシュート。枝分かれした枝の株元に近い２本を残すように切る。

Q
ベーサルシュートが出ているのにわからないまま、秋まで伸ばしてしまいました。このまま放っておいても大丈夫でしょうか？

A はっきりいって、もったいないことをしました。ピンチしておけば将来性のある主幹になったかもしれません。ベーサルシュートをピンチせずに放っておくと、先がほうき状に枝分かれしてつぼみをつけ、養分が分散し、枝の成長が悪くなってしまいます。最良の方法ではないのですが、すぐにでも図のように切っておきましょう。

８月と晩秋の花がら切りは、その後、それぞれ夏剪定・冬剪定を控えているため、花がらは花首の下で切る。

花がらは花茎の半分くらいの位置の５枚葉の上で切る。

Q
四季咲きのバラは花がら切りをしたほうがよいと聞きますが、いつの段階で切ったらいいか教えてください。

A 四季咲きバラの場合、次の花を早く咲かせるため、あるいは株のためには、早く花がらを切ってあげることが大切です。花茎の半分から３分の１程度のところで切ると、約40日（気温の高い時期は30日、秋はだいたい40〜50日）で次の花茎が伸び、花が咲きます。また、高い位置で切ると次の花は早く咲きます。花が咲いたら早めに切ってやると、次の花が早く楽しめることになります。

また、四季咲きでも実ができ始めると、次の花茎が出てこなくなる、つまり四季咲きではなくなってしまうことがあります。

花が開いたら早めに切って、切った花は花びんにさしたり、ドライフラワーにしたりして楽しむこともできます。散り始める前に切り取りましょう。

Q
ソフトピンチとハードピンチ、違いを教えてください。

A ソフトピンチはまだつぼみが小さいとき、またはつぼみが確認できないときに、枝先を指で摘まむことです。ハードピンチはそれよりもっと低い位置を摘まむピンチです。ハードピンチでは、枝がかたくなっている場合があり剪定バサミを使うこともあります。

ピンチは枝葉を増やす効果があり、ベーサルシュートを分枝させたり、開花を調整したり、病気の株を再生させるなどの目的で行います。バラの成長にあわせて、いろいろなピンチを上手に使い分けるのがコツです。

Q
オールド・ローズはピンチをしなくてもよいと聞きました。本当でしょうか？

A 基本的に一季咲きのバラはピンチをせずに、そのまま伸ばします。オールド・ローズは一季咲きが多いですが、なかには四季咲き性のものがありますので、系統によってはピンチが必要です。チャイナ系、ティー系は、モダン・ローズと同じようにピンチをします。ガリカ系、ケンティフォリア系はピンチをしないのが一般的です。

Q

庭のバラに、毎日水やりをするのがたいへんです。楽にする方法はありますか？

A 庭植えのバラには、毎日水をやる必要はありません。ただし、７月下旬～８月下旬は、水を一番必要とする時期です。晴天が続いて地面が乾燥してきたら水をたっぷりと与えましょう。お盆を過ぎ、少し涼しくなるとシュートが出てきますが、しっかりしたシュートを出すためにも水分が必要です。暑さに弱い品種の場合は、水を与えることで暑さを和らげることができます。雨の多い５月～６月は、あまり心配しなくても大丈夫です。

バラは土の中の水分を吸収して育ちます。水分を吸収するために広く根を伸ばします。そのため、家庭で栽培するバラも、水分を求めて広く根を張るようにしむけることが大切で、庭植えならばひんぱんに水をやる必要はありません。鉢植えの場合は、定期的な水やりが必要です。

水やりにあまり時間がかけられない人は、乾燥に強い品種を選ぶのもよいでしょう。ヨーロッパからの輸入苗は乾燥に強いものが多くあります。

Q

四季咲きのバラでトゲのない品種があれば育ててみたいのですが、そんなバラはありますか？

春風

モッコウバラ

ピンク サマー スノー

A 一般にトゲがないといわれているのは、「トゲナシノイバラ」「モッコウバラ（八重咲き）」「サマースノー」「春風」などです。最近は切り花品種もトゲが少ないものが増えてきています。ただし、トゲのない品種であっても、育て方や環境によってトゲが出てくることがあります。枝にはトゲがないけれど、葉裏についているものもあります。

もっとバラを楽しむ！

バラの写真をきれいに撮ってみましょう

美しく咲くバラの花を写真に残したいと思いませんか？　花をきれいに撮るには、ちょっとしたコツがあります。

まずは、当然のことですが、きれいな花を撮ることです。花びらに汚れや傷み、虫喰いなどがないか。形はよいか。ひとつずつ注意深く見ましょう。どこが美しいのか、どこに惹かれるかを考え、撮る花、撮る角度などを決めます。

次にたくさん撮ること。デジカメやスマホなら、不要なものは削除することができるので、花や角度を変え、撮ってみましょう。花は光の当たりぐあいでも印象が変わってきますが、とくに写真になると違いがはっきりしてきます。

一般に、花の撮影はくもりの日が適しています。晴天の日は光が強く、順光で撮影すると色とびが起きたり、花びらに影が強く出てしまいがちです。晴天でも、斜光や逆光で写すと意外に影が気にならず、表情豊かな写真になることもあります。花の上や横、下などに白い紙などをかざして光を散乱させてもよいでしょう。

コンパクトデジカメはほとんどが、広角と望遠の両方の機能をもつズームレンズをつけていて、それぞれのよさを楽しめます。一般に、広角側は、奥行き感を出したいとき、周囲の景色をいっしょに写したいとき便利です。望遠側は、花をアップにしたいとき、背景をぼかしてねらった花を際立たせたいときなどに便利です。ズームレンズは、画面を見ながら広角側にしたり望遠側に戻したりして使います。

▶花の正面から当たる光を順光、横や斜めから当たる光を斜光、花のうしろから当たる光を逆光という。花は斜光や逆光で撮影すると表情が豊かになる。

順光で撮影したボニカ'82

逆光で撮影したローズマリー

▲広角側は、左右の景色を幅広く画面に写し込むことができ、手前から奥のほうまでピントが合う。

◀望遠側は画面に写る範囲が狭くなる。ピントの合う範囲も狭く、背景はぼけてくる。

オドラータ

また、画面の四隅を点検して、背景に不要なものが写らないように注意することも大切です。レンズだけに頼らないで自分でも前後左右に動いたり、立つ位置を変えたりして気に入った構図を見つけましょう。

Lesson 5

バラの病気と害虫対策

栽培環境を整えて 病気・害虫の予防

バラは病気や害虫が多いというイメージが強いようです。栽培環境を整え、適切に薬剤を使いましょう。病害虫を完全になくすことはできないので、それらの性質を知り、上手に予防します。

気温・湿度変化が激しい時期は要注意

春、桜前線が北上するころは、バラにとって怖い季節です。急激な気温や湿度の変化が引き金となって、病気が出やすくなる時期なのです。朝、その日の天候がどう変化していくか予測し、水やりが必要か否か考えるといった臨機応変な管理が必要です。湿度や温度の変化に関係なく水をかけてしまうと、病気が出る条件をつくることになってしまいます。とくに鉢植えは、庭植えに比べて管理が難しいので注意しましょう。

病気を出にくくするには、普段から株を鍛えておくことも大切です。過度の水やりや追肥は、株にとって過保護な状態となり、病気にかかりやすくしてしまいます。

病害虫を発見したら、被害を拡大させない対応が重要です。広がる前に薬剤散布で防除します。

病害虫を抑えるためのポイント

1 基本的な環境を整える

日当たり、風通し、水はけのよい環境にする。密植を避け、株もと・枝にまんべんなく日が入るようにする。

花弁に灰色かび病の赤い斑点が見られるブレーズオブグローリー。

2 病気に強い品種を選ぶ

最近は、病気に強く、初心者にも育てやすい品種が多くつくられているので、そうした品種を選ぶことも大切（➡ P58）。

3 肥料を施しすぎない

肥料を多くすると無駄な枝葉が出やすくなる。やわらかい枝や葉は病気にかかりやすく、害虫にも弱くなる。

4 日頃の観察で早期発見

毎日、バラの状態をよく観察して、病気や害虫のサインを見落とさないようにする。葉の色がいつもと違う、なんとなくテカテカしているなど、気になることがあったら、病害虫のサインかも。早めの対応で被害を最小限に抑える。

チュウレンジハバチの卵がついていた跡。

バラに使われる市販のおもな薬剤

バラ栽培に使用する薬剤は、おもに病気を防除するための殺菌剤と、害虫を防除するための殺虫剤です。殺菌・殺虫の両方に効くものもありますが、通常は、2つの薬剤を展着剤が入った水に混ぜて散布します。展着剤は散布した薬液が葉や害虫に付着しやすく、雨にも流れにくい薬剤です。スプレー式のものは、病害虫の発症に気づいたときにすぐに対処できるので便利です。

殺菌剤

フローラガードAL
(ハイポネックス)
黒星病、うどんこ病専用の殺菌剤。そのままスプレーで使用。

STサプロール乳剤
(住友化学園芸)
黒星病、うどんこ病の殺菌剤。バラの場合は1000倍に薄めて使用。

フルピカフロアブル
(日本曹達)
黒星病、うどんこ病、灰色カビ病に予防散布で効果を発揮する殺菌剤。2000~3000倍に希釈して使用。

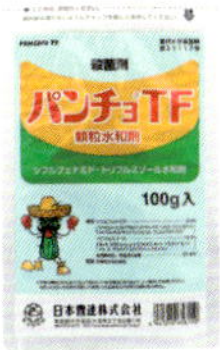

パンチョTF顆粒水和剤
(日本曹達)
うどんこ病の予防と治療の殺菌剤。2000倍に希釈して使用。

ガッテン乳剤
(OATアグリオ)
うどんこ病の殺菌剤。5000倍に希釈して2回以内の使用。

殺菌殺虫剤

ベニカX ファインスプレー
(住友化学園芸)
病気(黒星病、うどんこ病)と害虫(アブラムシ類、コガネムシ類成虫など)を同時に防除。そのままスプレーで使用。

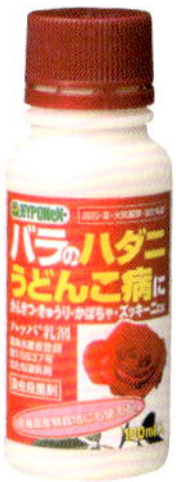

ハッパ乳剤
(ハイポネックス)
病気(うどんこ病)と害虫(ハダニ類)を同時に防除する。200倍に希釈して使用。

殺虫剤

アドマイヤーフロアブル
(バイエルクロップサイエンス)
アブラムシ類の殺虫剤。2000倍に希釈して5回以内の使用。

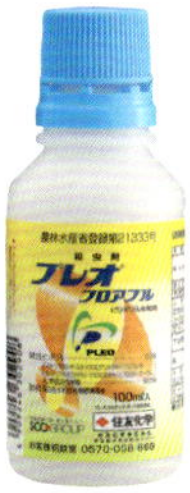

プレオ フロアブル
(住友化学)
オオタバコガの殺虫剤。1000倍に希釈して2回以内の使用。

カイガラムシ エアゾール
(住友化学園芸)
カイガラムシの殺虫剤。エアゾール剤なのでそのまま散布する。

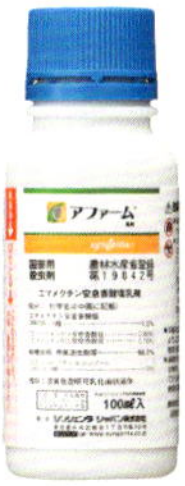

アファーム乳剤
(シンジェンタジャパン)
オオタバコガ、ヨトウムシ、アザミウマ(スリップス)の殺虫剤。1000~2000倍に希釈して5回以内の使用。

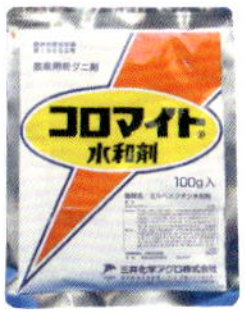

コロマイト水和剤
(三井化学アグロ)
ハダニ類の殺虫剤。2000倍に希釈して2回までの使用。

展着剤

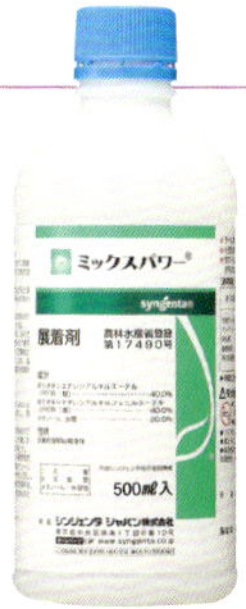

ミックスパワー
(シンジェンタジャパン)
浸透性があり、薬剤の効果が安定する。3000倍に希釈して使用。

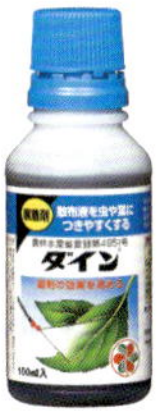

ダイン
(住友化学園芸)
ほとんどの殺菌剤や殺虫剤と混用が可能。3000~10000倍に希釈して使用。

※薬剤のパッケージは2015年4月3日現在のものです。

正しく使うことが大切 薬剤の散布方法

病気に強い品種が増えたといっても、完全に無農薬では病気や害虫を防除することはできません。病気や害虫の予防のためにも適切な薬剤を散布しましょう。病害虫の痕跡を見つけたときもすぐに駆除します。

殺菌剤と殺虫剤は同時に散布する

予防のための薬剤散布は、新芽が5㎝くらい伸びたころを目安にはじめ、1週間に1回程度のペースで行います。殺菌剤と殺虫剤を同時に散布しましょう。

散布するときは、葉や枝（茎）だけでなく、地面にもかけます。ハダニ用の薬は、葉の裏面にもかけるようにします。また、薬剤が花弁にかかると花色が抜けてしまうものがあるので、花弁にかからないようにします。新芽は薬害が出やすいので、希釈倍率を守り、短時間ですばやく行いましょう。

予防をしていても病害虫の被害は少なくありません。病気の兆しや害虫の痕跡を発見したときは、すぐに対処することが肝心です。病気は消えたように見えても病原菌が残っていることがあるので、くり返しの薬剤散布が必要です。

薬剤散布の方法とポイント

1 散布は気温を確認して行う

気温が25℃以上になると薬害が出やすくなる。春と秋は、晴れた日を選んで、気温が上がる午前中にすませる。夏は涼しい朝か夕方に行う。

2 薬の2度がけはしない

2度がけすると、葉の上で濃縮した薬剤にさらに薬を重ねることになり、薬害が出やすくなる。1回でまんべんなくかける。

3 ローテーション散布を心がける

同じ薬剤をくり返し使っていると、薬が効かない薬剤耐性の菌や虫が現れる。とくにうどんこ病やアブラムシ、アザミウマ、ハダニなどの薬剤は、異なる薬剤をローテーションで使うようにするとよい。

4 使用方法・希釈倍率を守る

薬剤を使用する際は、説明書を読んで、対象作物の種類、使用方法・希釈倍率を守るようにする。濃度を濃くしたからといって効き目が高くなるわけではない。場合によっては、薬害によって葉が変色や縮れが起こり、株の成長が一時的に止まってしまうこともある。また、病原菌や害虫が薬剤に対して耐性をつける原因にもなる。

高所や株の中に薬液をふきかけるため、長いノズルの噴霧器が使いやすい。

噴霧器のノズルを葉に近づけて、葉の表面や裏面を洗い流すようにたっぷりとかける。

5 薬液は少量つくり使い切る

散布する薬液のつくり置きは厳禁。少なめにつくって使い切るようにする。どうしても残ってしまった場合は、土壌に染み込ませて処分する。川や池、排水口などには決して捨ててはいけない。

Point

水に溶けにくい薬剤

水に溶けない水和剤などを薄めるときは、ちょっとしたコツがいります。まず、必要量の水と薬剤を用意し、バケツに薬剤を入れたら、少量の水を加えて練るようにして水と混ぜます。その後、水を少しずつ加えながら薄めていきます。最初から大量の水に入れると、均等に混じらないことがあるので注意が必要です。

数種の農薬を混合して使うときには、溶けにくい水和剤を先に溶かし、溶けやすいものは後から入れるようにします。

薬害から身を守る

国内で一般に市販されている農薬は、農薬取締法に基づいて安全基準を守って製造されていますが、まったく無害ということはありません。農薬散布のときには、必ず、雨具などの防護服を着用しゴーグルやマスク、手袋などを身につけて、薬液がかからないように注意して行いましょう。つねに風上に立って散布するのが、薬液に触れずに散布するコツです。また、近隣の人や家畜、ペットなどにかからないような配慮も必要です。

散布後は、防護服、ゴーグルやマスク、手袋を洗うのはもちろん、顔や手足も洗い、使用した衣服も普通の汚れ物とは別に洗濯します。

薬液のつくり方

市販の薬剤は、安全使用基準に基づいた使用法が定められています。使用する際は、説明書をよく読み、対象作物や使い方、希釈倍率など正しく使うことが大事です。バラに散布する薬液は、展着剤、殺菌剤、殺虫剤を混ぜてつくります。

準備するもの

薬剤
- 展着剤（ミックスパワー）
- 殺菌剤（サルバトーレME）
- 殺虫剤（プレオフロアブル）

道具
- スポイト（計量スプーンなど）
- バケツ

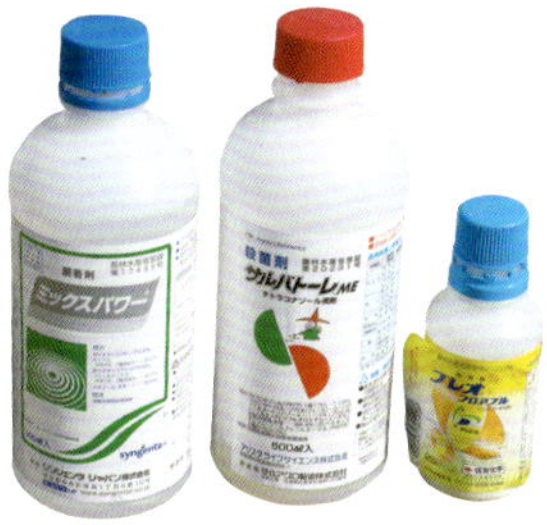

1 バケツに5ℓの水を用意する。

2 水の中に展着剤（ミックスパワー）1.5mℓ（約3000倍）を入れ、よく混ぜる。

3 殺菌剤（サルバトーレME）1.2mℓ（4000倍）を入れ、よく混ぜる。規定は3000倍の希釈だが、4000倍でも十分効果がある。

4 殺虫剤（プレオフロアブル）5mℓ（1000倍）を入れ、よく混ぜる。

必要な薬液量と使用する薬剤量

1リットルの薬液をつくるときに必要な薬剤の量は、右の式のように、つくりたい薬液の量を希釈倍率で割り算して求められます。散布する薬液の量に対して、必要な薬剤の量を計算できるようにしましょう。

使う薬剤の量を求める式

つくりたい薬液の量 ÷ 希釈倍率 ＝ 使う薬剤の量

例「希釈濃度3000倍」の薬液を1リットルつくる ➡ 1000(mℓ) ÷3000(倍) ＝ 約0.33(mℓ)

希釈早見表（水1リットルあたり）

希釈倍率	400倍	500倍	800倍	1000倍	1500倍	2000倍	3000倍	4000倍
溶かす薬剤量	2.5 mℓ	2 mℓ	1.25 mℓ	1 mℓ	0.66 mℓ	0.5 mℓ	0.33 mℓ	0.25 mℓ

※注　液剤の1mℓは固形剤1gに相当

Lesson 5

病気と害虫 1

バラ栽培で注意したい さまざまな病気

病気の原因となる菌には、活発に活動する時期や条件があります。それを意識して病気の出にくい管理を心がけましょう。病気が発生した部位はすぐに取りのぞき、拡大を防ぐために、放置せずに処分します。

バラの病気 1

うどんこ病

バラの2大病気のひとつ。最初は若い葉や枝、つぼみが白い粉をまぶしたようになります。病原菌は空気中にただよっている常在菌で、朝の気温が10℃を超えるようになると発生しやすくなります。お礼肥えや芽だし肥えなどといって肥料を多く与えると、やわらかい芽が出て病気が出やすくなります。

発生時期
5月〜7月中旬、9月下旬〜11月。気温15〜25℃の時期

発生部位
新芽、葉、つぼみ、枝、トゲ。葉の裏にも表にも出る。

症状
葉の表には白い粉をまぶした斑点ができ、裏に赤い斑点が出て、縁が内側に巻きこむ。葉の表面はちぢれたようにでこぼこになる。新梢がねじれる。

対処法
まず、病斑部を水洗いする。薬剤散布は、胞子を洗い流すようにたっぷりとかける。薬剤を使う場合は1週間に1回程度行う。

事前対策
耐病性品種を選ぶ。日当たり、風通しをよくし肥料過多を避ける。肥料はチッ素を控えめにする。

うどんこ病にかかると白い粉をまぶしたようになり、葉の表面がちぢれ、裏面は赤みをおびる。

Point

株の全滅を防ぎ新芽を守る

うどんこ病は新芽に発生する病気ですので、開花調節をするとよいでしょう。たとえば、新芽が出る4月と5月に1回ずつ、それぞれ、そのときに出ている新芽をいくつかピンチします。一度に咲く花の数は減ってしまいますが、株全体をいっせいにダメにしてしまうことが防げます。

黒星病は、葉に縁がにじんだような黒い斑点が出る。黒点病と呼ばれることもある。

バラの病気 2

黒《くろ》星《ほし》病《びょう》（別名：黒点病）

❖バラの2大病気のひとつで、葉脈に沿って縁がにじんだ黒斑が出ます。黒星病は雨といっしょに出るので、梅雨時と秋の長雨のころが要注意です。秋は新芽の出る時期と重なり、被害が大きくなりがちです。そのため初期対応が大切です。黒い病斑の上にある病原菌が雨粒で飛びちったり、昆虫の体について感染し、株の下のほうの葉から出始めます。前年に黒星病を発症している株は、早い時期から注意しておきます。

発生時期 4月〜11月。気温20℃〜25℃で出やすい

発生部位 おもに葉

症　状 葉ににじんだような黒い斑点が出て、やがて病斑の周囲が黄色く変わり落葉する。

対処法 早期発見で病気の葉を取りのぞき、薬剤を散布する。完全に止めるには薬剤を中3日おきくらいで、4〜5回かけるようにする。取りのぞいた葉や枝は処分する。

事前対策 耐病性品種を選ぶ。密植を避け、庭植えでは株の根もとをワラなどでマルチする。鉢植えは雨の当たらない場所に置く。

バラマイスター鈴木のとっておきレクチャー

黒星病の株を再生させてみましょう

黒星病にかかり、葉っぱが黄ばんでしまった鉢植えの株です。7月下旬の時期で、ずいぶんと弱っていますが、このような状態でも再生は可能です。葉を取りのぞき剪定したあとは、薬剤を3日おきに2週間ほど散布します。新芽が伸びて株が再生します。

1 黒星病にかかって、葉が黄ばみ、ほとんど落葉している「栄光」。

2 葉をすべて取りのぞき、やわらかい枝を軽く剪定する。

3 約1カ月後、この株の将来をになう新しいシュートが出ている。

バラの病気 3

灰色かび病（ボトリチス）

発生時期 5月〜7月中旬、9月〜11月。気温15℃程度で多湿が続く時期

発生部位 花、つぼみ

症状 花やつぼみが灰色のかびで覆われたようになる。

対処法 発病した花弁などは早めに処分する。かびに触れた剪定バサミは洗浄し、よく拭き取っておく。

事前対策 日当たり、風通しをよくしておく。花がらは早めに切り取る。

❖ 灰色かび病はおもに低温多湿になると花に現れる病気です。はじめは花弁ににじんだような小さい斑点が出て、やがて褐色に変わります。放っておくと花弁が腐敗して灰色のカビで覆われたようになります。雨が多いときに出やすいので、普段から風通しをよくし、日光によく当てるようにしましょう。

灰色かび病で、花弁に赤い斑点が出ているプリンセスマーガレット。

バラの病気 4

さび病

発生時期 5月〜7月中旬、9月中旬〜11月中旬。雨が多い時期

発生部位 葉、枝

症状 葉裏に粉状のかたまりができ、やがて落葉する。

対処法 病斑が見られたら葉や枝を切り取り処分し、薬剤を散布する。

事前対策 株の根もとを清潔にし、冬剪定では葉や細い枝などを切り取る。風通し、水はけをよくする。

❖ さび病にかかると、葉の裏面にオレンジ色の小さな粉がついたようになります。これはさび病の胞子のかたまりで、その後、胞子は黒く変色し、株全体の葉がパラパラと落葉していきます。ノイバラに出やすい病気です。

ノイバラの葉。裏側にオレンジ色の粉のようについているのがさび病の胞子のかたまり。

バラの病気 5

根《こん》頭《とう》がん腫《しゅ》病《びょう》

発生時期 1年中。地温が高いときに発生

発生部位 根もと、根。ときに枝

症　状 コブ状のかたまりができる。

対処法 ナイフなどでコブをえぐり取る。

事前対策 植え替え時の元肥は、堆肥やぼかし肥を使う。つぎ木やさし木作業に使うナイフは清潔に保つ。発病株の植え替え時は、周辺の土も処分する。

バラの根やつぎ木した部分に、ゴツゴツしたコブ状のかたまりが現れるのが特徴です。この病気にかかっても枯死することはありませんが、少しずつ株の勢いがなくなり、花つきも悪くなります。病原細菌は土壌中で数年間生き続けて、根やつぎ木部分の傷口から侵入します。

根頭がん腫病は枝に出ることもある。

バラマイスター鈴木の とっておきレクチャー

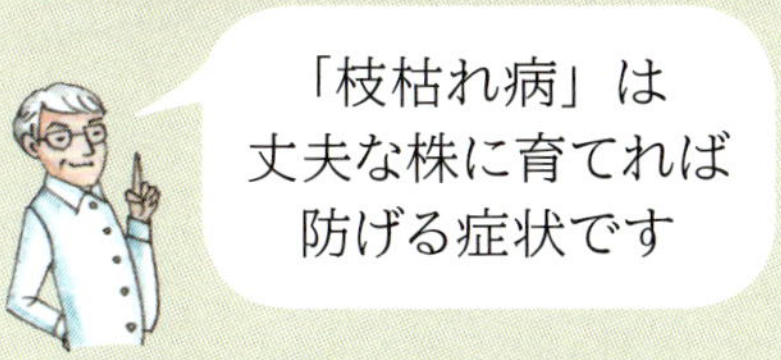
「枝枯れ病」は
丈夫な株に育てれば
防げる症状です

枝が変色し枯れたようになると「枝枯れ病」といわれることがありますが、枝枯れ病は病名ではありません。枝が枯れた状態になったことを示す症状名といってよいでしょう。病気で枝が枯れると、すべて「枝枯れ病」になるのです。

まれに、株のつぎ口、剪定の切り口、枝の傷口などにカビの一種が付着し枯れ込む「ステムキャンカー」という病気を見ることがあります。変色部に黒の小粒点がたくさんつき、雨天時や湿度が高いときに、その粒から粘着性の物質が出ます。感染した枝は、根もとから切り取り処分しましょう。

枝が枯れる原因はさまざまです。ステムキャンカーのように病原菌が原因のこともありますが、普段から日当たり、排水をよくし、丈夫に育てていれば、病原菌がついても深刻な被害にならずに対処できます。

バラの病気 6

ベト病

発生時期 3月〜5月、9月〜10月

発生部位 葉、枝

症　状 赤紫色の斑点が出て、落葉する。

対処法 薬剤散布。薬剤は株全体の葉裏にかける。

事前対策 気温の低い時期の水やりは、水を葉にかけない。

ベト病にかかると、葉裏に赤紫色の斑点が出てやがて落葉します。病原菌は空気中の常在菌で、低温多湿をこのみ、昼夜の温度差が大きい時期に出やすくなります。夕方に水をやると冷たい水で周囲が冷え、その結果ひと晩でベト病が出ることもあります。

見つけたらすぐに駆除 バラにつく害虫

バラの害虫は、殺虫剤を散布しても効果の薄いものが多くあり、なかなか防除しにくいものです。発見したら速やかに駆除しましょう。その場での駆除が被害の拡大を防ぎます。

アザミウマ
（スリップス）

バラを食害するアザミウマには、ヒラズハナアザミウマ、ミカンキイロアザミウマなどがいます。いずれも体は黒褐色から黄色で細長く、体長1～1.5㎜ほど。花弁に息を吹きかけると、すばやく動きまわります。バラのほか、キク、アヤメ、カーネーション、カキ、イチジクなどあらゆる植物に被害を与えますので、近くに植えてある場合は注意しましょう。

発生時期 5月～10月。気温の高い時期
加害部位 花、つぼみ、葉
症　状 花やつぼみに寄生して、吸汁する。花弁がところどころ褐色にかわり、シミのようになる。
対処法 切り取った花がらは放置せず、必ず処分する。多発生したときは、花が発生源になるので早めに摘み取る。

アブラムシ

新芽やつぼみなど、おもにやわらかいところに集まって寄生して吸汁し、新芽や花の生育をさまたげます。寄生した部分からウイルスが侵入したり、アブラムシの出す甘露にすす病がついて黒いすすがついたように見えることがあります。

発生時期 4月～11月
加害部位 新芽、新梢、新葉、つぼみ
症　状 新しい葉が縮れたようになり色が悪くなったり褐色の斑点ができ、ひどい場合は落葉する。
対処法 見つけしだい捕殺する。葉の上から、水圧をあげて吹き飛ばす感じで水洗いする。

カイガラムシ

バラに多く寄生するバラシロカイガラムシは長さ2～3㎜の白い殻の中にすんでいるため、枝や幹に白っぽいものが付着しているように見えます。とくに風通しの悪い部分につきやすいので、庭植えの場合は、密植を避け、周辺の庭木も剪定して風通し、日当たりをよくしてやることが大切です。カイガラムシ類は、バラ科の果樹やキイチゴ類に多く寄生するので、これらとの混植は避けたほうがよいでしょう。

発生時期 一年中
加害部位 枝、幹
症　状 幹や枝に付着して吸汁し、株を弱らせる。たくさんつくと見苦しくなり、ひどい場合は枯死する。
対処法 歯ブラシでこすり取る。殻の内がわにすんでいるため、卵がふ化する4月～5月、7月～8月に薬剤を散布する。冬剪定の後に越冬虫を駆除するのも大切。

チュウレンジハバチ

成虫が若くやわらかい枝に産卵管を差しこんで卵を産み、ふ化した幼虫は集団で若い葉を食害し、葉脈を残してほぼ食べつくします。チュウレンジハバチのほかに、アスカチュウレンジなど数種がバラに寄生します。

発生時期 ５月～９月

加害部位 若い枝、若い葉

症　状 若い葉に取りつき、中央脈を残してほとんど食べつくす。

対 処 法 見つけしだい捕殺する。幼虫が集団でついている葉はむしり取り処分する。

チュウレンジハバチの幼虫。

幼虫の食痕。若くやわらかい葉が食べられてなくなっている。

卵のついていた跡。産卵のときにできた傷は枝が生長するにつれて大きな割れ目になる。

コガネムシ類

コガネムシ類はたいへん種類が多く、マメコガネやドウガネブイブイ、ハナムグリなどほとんどのものが花を食べにやってきます。また、幼虫は乳白色のイモムシ状で、土の中にいて根を食害します。

発生時期 成虫は５月～９月
幼虫は８月～10月

加害部位 成虫は花や葉、幼虫は根

症　状 食害

対 処 法 見つけしだい捕殺する。

コガネムシの仲間ハナムグリの成虫。ハナムグリは、色に反応して飛来し、黄色い花、白い花によく集まる。成虫は樹液を吸い、幼虫は土の中で根を食害する。

コガネムシの仲間の食害の跡。赤茶に縁取られて穴があいている。

カミキリムシ
（幼虫はテッポウムシ）

バラにつくカミキリムシはおもにゴマダラカミキリで、成虫は黒い羽根に白い斑点があります。成虫はバラの根もとなどに卵を産みつけたり、若い枝を食害します。卵からかえった幼虫は体長５～６㎝、乳白色のイモムシ状で、根の中へと食い進んでいきます。

バラのほか、カエデ類などに寄生しますので、近くに植えてある場合は注意しましょう。

発生時期 ６月下旬～７月

加害部位 成虫は若い樹皮、幼虫は根もとから根を食害する。

症　状 幼虫が株の根に入ると枝が枯れて、ひどい場合は枯死する。

対 処 法 見つけしだい捕殺する。成虫は株の根もとにお風呂用ネットタオルやミカンネットを置いておくと捕獲することができる。

ハスモンヨトウ

日中は土の中にいて夜に活動します。農作物への被害が多く、成虫の羽根に淡い褐色のしまもようがあるので「斜紋夜盗」の名があります。幼虫はイモムシ状で若齢のころは淡緑色で昼間行動しますが、生長すると体は褐色で体長4㎝ほどになり、昼は株の根もとにかくれています。ヨトウガの幼虫はよく似ていて、同じように葉を食害します。どちらも成虫は夜に活動します。

発生時期 ５月～ 11 月

加害部位 葉、花

症　状 幼虫が葉を食べる。葉は表皮と葉脈を残して葉肉を食べられるので、白く透けたような斑紋ができる。

対 処 法 小さい幼虫は群がっているので見つけしだい葉を切り取って処分する。大きい幼虫は捕殺する。

バラゾウムシ
（クロケシツブチョッキリ）

甲虫の１種で、体長は３㎜ほど。長い口吻で若い茎や花梗に穴を開けて産卵管を入れ卵を産みます。卵からかえった幼虫はしおれた茎や花梗を食べて育ち、茎や花梗といっしょに地面に落ちると、土にもぐって蛹になります。

発生時期 ４月～７月

加害部位 新梢、花梗

症　状 穴を開けられた茎や花梗はしおれたようになり、やがて幼虫といっしょに落ちる。

対 処 法 見つけしだい捕殺する。成虫は薬剤に弱いので、薬は成虫が出る時期にあわせて散布。

小さな虫で、とがった口で花首などを刺す（上）。ゾウムシの仲間（下）。

ハキリバチ

成虫が葉を丸く切り取って巣穴に運び、そこに卵を産み、幼虫はこれをえさにして成長します。バラのほかイカリソウも被害にあいます。

ハキリバチの食痕

ハマキムシ類
（ハマキガ類）

ハマキムシ類には多くの種類がいますが、幼虫は糸を出して葉をつづり合わせ、その中にひそんで葉を食べて成長します。大きくなると体長３㎝ほどになり、つづり合わせた葉の中で蛹になります。バラにつくハマキムシは、チャ、かんきつ類、ベゴニア、サザンカ、ツバキ、ブドウやナシ、フヨウ類にも被害を与えます。

発生時期 ４月～10月

加害部位 葉

症　状 葉が重なったり巻いたまま開かない。葉の表皮を残して食べ、成長を妨げる。

対 処 法 つづり合わさった葉は開いて、幼虫を見つけたら捕殺する。

糸を出して葉にまきつくハマキムシ（上）。ハマキムシによって葉が折り重なっている状態（下）。

ホソオビアシブトクチバ

ガの仲間で幼虫が７月と９月～10月に現れ、バラの葉やつぼみを食害します。幼虫は茶褐色のシャクトリムシで、体長４㎝ほどになります。

ハダニ類

ハダニはおもに葉の裏側に寄生して樹液を吸います。梅雨時にとくに多く発生しますが、いろいろな植物をそばに植えていると５月からつくこともあります。薬をかけていても、ハダニは、繁殖力が強く、すぐに卵を産んで２カ月後には孫の世代になります。孫の世代になると薬剤抵抗性をもつようになりますので、見つけたらすぐに水洗い（➡P179）と薬剤散布で１カ月以内に駆除しましょう。

発生時期 ５月～11月。梅雨時に出やすく、爆発的に増える

加害部位 葉の裏、つぼみ

症　状 はじめは、葉の表から見ると何となくちりちりとして、そばかすのようにみえる。やがて淡黄色～白色の斑点が出てかすり状になり、多発すると黄色に変色して落葉する。

対 処 法 葉の裏から水圧で吹き飛ばすように水をかけて洗い流す。これを１週間くらい続ける。その後、殺ダニ剤で駆除する。ダニ剤は薬害が出るので、花が終わってからかける。

新芽につくダニ（上）。ハダニの食痕。葉が淡黄色に変色している（右）。

オオタバコガ

成虫は９月～10月に見られます。幼虫が葉やつぼみを食害します。バラだけでなく、キクや野菜なども食害し、成長すると土にもぐって蛹になります。

オオタバコガの幼虫(上)と糞(下)

コウモリガ

成虫は８月～10月に現れます。幼虫は土の中でふ化してから枝や幹に穴を開けて中に入り、トンネル状に食害します。穴の入り口には、糞と木くずでできたふたがあるので、これをはがして針金などで刺して駆除します。

エダシャク類

ガの仲間で、バラシロエダシャク、ニトベエダシャクなどがバラにつきます。５月ごろ、イモムシ状の幼虫が葉やつぼみを食害します。

エダシャクの幼虫

アオバハゴロモ

成虫は５月～11月に現れます。幼虫は木の枝に群がってつき、白い綿のようなロウ物質で体を覆っています。成虫、幼虫ともに樹液を吸っています。

アオバハゴロモ

マイマイガ
（ブランコケムシ）

いわゆるケムシ類で、小さいときは糸を引いてぶらさがっているので、通称ブランコケムシといいます。大きくなると体長５～６㎝になり、長い黄褐色の毛があります。葉を食害します。

発生時期 ４月～６月　**加害部位** 葉

症　状 葉を食べる。

対 処 法 見つけしだい捕殺する。衝撃に弱いので、棒でたたいても死んでしまう。

マイマイガの幼虫

バラクキバチ

４月下旬～５月上旬、太くみずみずしい新梢を選んで穴を開けて産卵します。成虫は体調1.5㎜くらいで体は細長く、黒色です。卵はひとつの茎にひとつずつ産みつけられ、10日程度でふ化します。幼虫は枝の中の髄を食いあらし、茎の中で蛹になります。新梢の先がしおれたようになっていたら、見つけしだい切り取って処分します。

バラマイスター鈴木のとっておきレクチャー

害虫のサインを
見逃さないようにしましょう

大切にしているバラに虫がつき、食べられてしまったり枯れてしまったりするのは残念なことです。そうならないためには、害虫のサインを見逃さないこと。枝に白い粉がまぶしたようになっていたらカイガラムシの可能性があります。ダニの場合は、アミ目状に葉が透けたようになります。

また、つぼみや新梢のまわりに小バエが飛んでいたら、アブラムシや害虫がいる可能性あります。害虫がつくと甘い液が出るため、そこに小バエが集まるのです。アブラムシがつくと、葉や枝の表面がテカテカ光っているように見えることもあります。これはアブラムシの出す甘い汁のせいです。

毎日、お手入れしながら、バラの様子をよく観察して、こうした害虫のサインを見逃さず、早めに対処するとよいでしょう。

もっと知りたい！

病気と害虫対策のQ&A

Q

毎年、庭のバラにハダニが発生して悩まされます。何かよい方法はないでしょうか？

A ハダニは梅雨のころから本格的に発生するので、一番花が咲き終わったらダニ剤を散布しておきましょう。夏は乾燥してさらに増えることがあります。天気のよい日に、強い水圧で水を当てて葉裏や枝を洗うようにしてダニを吹き飛ばすのもひとつの方法です。ホースの口を指で押さえたり、つぶしたりすると、簡単に水圧を高くすることができます。晴れの日が続いていれば、４～５日続けて水洗いをします。

また、ハダニは葉柄のつけ根にある托葉などにひそんで越冬していますから、冬剪定が済んだら、枝に残っている葉を全部かき取ってしまいましょう。かき取った葉は堆肥などに利用せず、きれいに集めて処分します。こうすることで、越冬しているハダニを駆除することができ、発生が抑えられます。

Q

剪定ばさみは、使う前に必ず消毒するのですか？

A 消毒するのなら、使う前ではなく使ったあとにするべきでしょう。消毒することでウイルスや根頭がん腫病を起こす病原菌などがバラにつくのを防ぎます。ただ、剪定バサミを使うたび、毎回消毒する必要はありません。根頭がん腫病にかかっている部分を切ったときや、そのほかの病気にかかっている部分を切ったときには消毒しますが、普段は使用したあと、きれいに樹液やヤニ、汚れなどをきれいに拭き取り、砥石でといで切れやすい状態にしておけばよいでしょう。(剪定バサミの手入れ➡P34)

Q コンパニオン・プランツが害虫や病気をふせいでくれると聞きました。バラにも効果がありますか？

A いろいろな植物を一緒に植えることは、自然の多様さに近い環境をつくるともいえ、病気発生の抑制になります。ただ、特定の植物を植えても、化学農薬のような効果は期待できません。また、ほかの植物を植えた場合には、必ず繁茂《はんも》しすぎないように気をつけることが大切です。

ほかの植物が繁茂しすぎると、養分がうばわれてバラの生育が悪くなります。また、風通しや日当たりが悪くなり、病気や害虫を呼び寄せてしまうことになります。コンパニオン・プランツといわれているものであっても同じですから、注意が必要です。

Q お気に入りのバラが黒星病になりました。一度病気になった株はさし木などしないほうがよいでしょうか？

A 薬剤散布などで完治していれば問題ありません。若すぎる枝、かたい枝は避け、太さが２～５㎜程度のしっかりした枝を選びましょう。雑菌がなく清潔な土のほう発根率が高くなります。そのため、肥料や堆肥などはいれません。土の排水がよいことも大事です。

おおよそ20日経つと発根がはじまるので、そのころから液肥を与えるとその後の成長がよくなります。さし木をしてから１週間ほどで葉が黄ばんだり、落葉したりしてきた場合は失敗しています。

Q 我が家の庭はせまく、隣家の庭とも接しているため、できるだけ農薬を使わずにバラを楽しみたいのですが…。

A まずは、耐病性のある品種を選ぶことです。バラの２大病である、黒星病とうどんこ病のどちらにも強い品種がよいでしょう(➡P58)。そのうえでバラ栽培に必須となる、日当たり、風通し、水はけのよい環境を確保します。この条件が欠けると、耐病性のある品種であっても、病気にかかる原因をつくってしまいます。

普段からバラの様子をよく観察しておくことも大切です。害虫を見つけたら、その場ですぐに駆除します。バラは、葉や枝を増やすことで株が充実してきます。シュートのピンチで枝葉を増やしましょう。また、たくさんの花をいっせいに咲かせると株は弱ります。４月～５月の間に３分の１程度のつぼみをピンチし、花数を減らしましょう。

Q 堆肥を使うせいかミミズが増えました。ミミズは害虫にはなりませんか？

A ミミズそのものは害虫ではありません。しかし、ミミズを食べにくるモグラはバラにとっては迷惑な存在です。土の中を移動するため、株がぐらつき根を傷つけたりします。モグラはバラの根を食べることはありませんが、モグラが通った穴に入り込んだ野ネズミが根を食べてしまうことがあります。そうなるとバラは枯れてしまいます。

とはいえ、モグラはバラの害虫であるカナブンの幼虫を食べてくれるというメリットもあります。被害がひどい場合は、捕獲器などを設置する方法もありますが、それほどでもなければ、モグラの活動が活発になる一時期だけがまんし、共存してみてはいかがでしょうか。

バラマイスター鈴木の
全国おすすめバラ園

ローズガーデンちっぷべつ

所在地：北海道雨竜郡秩父別町３条東２丁目
TEL 0164-33-3833（秩父別観光振興有限会社）
例年の見頃 ✣ 6月下旬～10月上旬

冬期はバラ株を掘り上げハウスに移動させるなど手をかけた管理で、寒冷地ながら見事なバラを見せてくれる。周囲は北海道の広大な田園風景が広がり、大自然を感じながら３００種３０００株のバラを鑑賞しながら散策が楽しめる。

東八甲田ローズカントリー

所在地：青森県上北郡七戸町山舘 25-1
TEL 0176-62-5400
例年の見頃 ✣ 6月上旬～11月上旬

農薬をほとんど使用せずに管理しており、周囲に緑があふれた大自然の中でバラを楽しめる。野鳥の声、野生動物との出会いもうれしい。バラの生産・加工・販売も手がけており、ハウス内で栽培しているバラの摘み取り体験ができる。

花巻温泉バラ園

所在地：岩手県花巻市湯本 1-125
TEL 0198-37-2111
例年の見頃 ✣ 6月上旬～11月上旬

花巻温泉にあるバラ園で、約５０００坪の敷地に約４５０種６０００株以上のバラを保有。古くからある品種なども鑑賞でき、大切に管理されているバラは１本１本の花が見事。シラネアオイなどの高山植物も見ることができる。

東沢バラ公園

所在地：山形県村山市楯岡東沢 1-25
TEL 0237-53-5655
例年の見頃 ✣ 6月上旬～7月上旬、9月上旬～9月下旬

約7ヘクタールの敷地は日本でも有数の規模を誇る。世界各国の約７５０種2万株あまりのバラが鑑賞でき見応えがある。全国のバラ園で唯一、環境省の「かおり風景１００選」に認定されており、「恋人の聖地」にも登録されている。

双《そう》松《しょう》バラ園

所在地：山形県南陽市宮内 4396-2
TEL 0238-40-2002（南陽市観光協会）
例年の見頃 ✣ 6月～10月

米沢盆地を見下ろすことができる高台の双松公園内にあり、８０００平方メートルあまりの敷地に約３４０種６０００株のバラが咲く。大きな規模のバラ園ではないが、珍しい品種を見ることができる。

ザ・トレジャーガーデン館林

所在地：群馬県館林市堀工町 1050
TEL 0276-55-0750
例年の見頃 ✣ 5月初旬～6月下旬、10月～11月上旬

園内のローズガーデンは7つのテーマでバラと宿根草が管理され、その手入れはとても行き届いている。バラのほか、４月上旬ごろから6月いっぱいまで、芝桜、ネモフィラなどさまざまな花を楽しむことができる。

めぬまアグリパーク

所在地：埼玉県熊谷市弥藤吾 720 番地
TEL 048-567-1212
例年の見頃 ✣ 5月中旬～6月、10月～11月

「野菜」と「女性」をテーマにした道の駅めぬま内にあるバラ園。園内には、日本で初めての女医となる荻野吟子の像が凛とした風情で建ち、その像を囲むように約４００種２０００株のバラが咲き誇る。

都立神代植物公園

所在地：東京都調布市深大寺元町 5-31-10
TEL 042-483-2300
例年の見頃 ✣ 5月中旬～7月下旬、10月上旬～11月下旬

世界バラ会連合優秀庭園賞を受賞した経歴を持つ左右対称のサンクガーデン（沈床式庭園）に、約４００種５２００株が植えられている。ばら園のほか、さくら、うめ、さざんか、つばき、水生植物などが鑑賞できる。

京成バラ園

所在地：千葉県八千代市大和田新田 755
TEL 047-459-0106
例年の見頃 ✣ 5月～11月

３万㎡の敷地には、原種から最新品種までのバラが鑑賞でき、約１５００種７０００株が咲き誇る。春と秋のローズフェスティバルには各地から人が集まる観光スポット。併設のガーデンセンターではバラ苗や株を購入できる。

谷《や》津《つ》バラ園

所在地：千葉県習志野市谷津 3-1-14
TEL 047-453-3772
例年の見頃 ✣ 5月～6月、10月～11月

約7000株を保有し、幅4m、長さ60mに渡るつるバラのトンネルは見事。園内は、噴水を中心にして幾何学的なデザインで構成されており、車いすなどでも散策がしやすいよう整備されている。

横浜イングリッシュガーデン

所在地：神奈川県横浜市西区西平沼町 6-1 tvk ecom park 内
TEL 045-326-3670
例年の見頃 ✣ 4月下旬～6月、10月～11月

国内、海外の名花や話題の品種、横浜市にちなんだ品種など1200種ものバラが植えられている。園内ではエリアごとに、クレマチスやハーブ、大型宿根草などそれぞれの植物とバラを組み合わせた楽しみ方が鑑賞できる。

花《か》菜《な》ガーデン

所在地：神奈川県平塚市寺田縄 496-1
TEL 0463-73-6170
例年の見頃 ✣ 5月中旬～6月、10月～11月

野生種からはじまり、実際の花を鑑賞しながらバラの品種改良の歴史をたどることができる「薔薇の轍《わだち》」はこのバラ園ならでは。約1170種と関東でも有数の品種数を誇り、約1900株が植えられている。

河《かわ》津《づ》バガテル公園

所在地：静岡県賀茂郡河津町峰 1073
TEL 0558-34-2200
例年の見頃 ✣ 5月中旬～11月

フランス・パリのバガテル公園を忠実に再現したローズガーデン。フランス式の幾何学式庭園には約1100種6000株のバラが咲き、めずらしい品種を見ることもできる。

花フェスタ記念公園

所在地：岐阜県可児市瀬田 1584-1
TEL 0574-63-7373
例年の見頃 ✣ 5月中旬～6月上旬、10月下旬～11月上旬

英国王立バラ協会友好提携公園。80ヘクタール以上の敷地に、7000種3万株のバラ園は、世界でも最大級の規模。世界中のバラを集めた「世界のバラ園」とテーマごとに庭がつくられた「バラのテーマガーデン」が見所。

ひらかたパーク　ローズガーデン

所在地：大阪府枚方市枚方公園町 1-1
TEL 072-844-3475
例年の見頃 ✣ 5月中旬～6月上旬、11月

遊園地に併設されたバラ園。モダンローズ、オールドローズ、シュラブローズなど種類ごとにつくられた庭のほか、殿堂入りのバラを集めたエリアもあり、園内をゆっくり散策しながら、600種4000株を堪能することができる。

ＲＳＫバラ園

所在地：岡山県岡山市撫川 1592-1
TEL 086-293-2121
例年の見頃 ✣ 5月中旬～6月中旬、10月中旬～11月下旬

山陽放送（ＲＳＫ）のラジオ放送アンテナを中心に、同心円形花壇を設けた回遊式の庭園。3万平方メートルの敷地に、450種15000株のバラがある。

広島市植物公園

所在地：広島市佐伯区倉重 3-495
TEL 082-922-3600
例年の見頃 ✣ 5月中旬～6月中旬、10月中旬～11月中旬

1600㎡のバラ園には約570種類のバラが咲き、公園全体では約850品種1300株のバラを楽しめる。野生種やオールドローズなど、歴史的にも貴重な古い品種を見ることができる。

石橋文化センター

所在地：福岡県久留米市野中町 1015
TEL 0942-33-2271
例年の見頃 ✣ 5月上旬～下旬、10月中旬～11月中旬

地域の人の憩いの場にもなっている無料で楽しめるバラ園。フランス式庭園の「美術館前バラ園」や、とくに香りの強い品種を集めた「香りのバラ園」など、400品種2600株が植えられている。

かのやばら園

所在地：鹿児島県鹿屋市浜田町 1250
TEL 0994-40-2170
例年の見頃 ✣ 4月下旬～6月上旬、10月中旬～11月下旬

鹿児島湾を望む丘陵地に位置する霧島ヶ丘公園。その東側丘陵地にある日本でも最大級の規模のバラ園。約8ヘクタールの敷地に5万株のバラを保有している。オリジナルの「プリンセスかのや」を見ることができる。

※情報は2015年4月3日現在のものです。

バラ苗が買える
こだわりのショップ

大野農園
インターネット　店頭

所在地：北海道河東郡音更町字音更西２線 25 番地　TEL 080-1890-2988
http://www.oono-roses.com

夏は日照時間が長く、冬はマイナス２０℃になる北海道・十勝管内音更町。そこで育てられたバラ苗約５００品種を取り扱う。

コピスガーデン
インターネット　店頭

所在地：栃木県那須郡那須町高久甲 4453-27　TEL 0120-377-228
http://www.coppicegarden.com/

フランスの Guillot（ギヨー）社の苗や禅ローズ苗など約８００品種のバラを取り扱う。

京成バラ園芸
インターネット　店頭

所在地：千葉県八千代市大和田新田 755　TEL 047-459-3347
http://www.keiseirose.co.jp

京成オリジナル品種、海外の著名育種会社８社の最新品種から銘花まで、強健な品種を取り扱う。

チェルシーガーデン
店頭

所在地：東京都中央区日本橋室町１-４-１　TEL 03-3274-8546
http://mitsukoshi.mistore.jp

日本橋三越本店屋上のガーデンショップ。定番から最新品種まで、ローズアドバイザー有島薫氏の厳選したバラを取り扱う。

ひかりフラワー
インターネット　店頭

所在地：東京都国分寺市光町３-２-１　TEL 042-572-2839
http://www.hikarirose.com

天然の生薬と有機肥料を使用して育てた苗を取り扱う。

篠宮バラ園
インターネット　店頭

所在地：東京都東久留米市南沢４-１-７　TEL 042-459-1155
http://shinomiya-rose.com

創業４０年の生産者直送ショップ。店頭での購入は、バラ園オープン期の４月～６月末のみ。

ロザ ヴェール
インターネット　店頭

所在地：山梨県中巨摩郡昭和町上河東 138　TEL 055-287-8758
http://www.komatsugarden.co.jp

コマツガーデン直営のショップ。オールドローズとイングリッシュローズを中心に、自社生産した苗なども販売。

姫野バラ園 八ヶ岳農場
インターネット　店頭

所在地：長野県諏訪郡富士見町境 9700　TEL 0266-61-8800
http://himenobaraen.jp

オールドローズからハイブリッドティー種まで古い時代の品種をメインに１０００種以上を販売。来園の際は事前に連絡を。

京阪園芸ガーデナーズ
インターネット　店頭

所在地：大阪府枚方市伊加賀寿町１-５　TEL 072-844-1781
http://www.keihan-engei-gardeners.com

1955年創業の老舗。京阪園芸F&Gローズなど、日本・世界のブランドバラ苗を扱う。隣接ひらかたパークの600種4000株のバラも管理。

能勢ばら園
インターネット　店頭

所在地：大阪府豊能郡能勢町栗栖 61-10　TEL 072-734-7888
http://www.irg.co.jp

イタミ・ローズ・ガーデン経営のショップ。バラ苗約５００品種を取り扱う。ネット販売は「イタミ・ローズ・ガーデン」サイトへ。

タキイ種苗《しゅびょう》
インターネット

所在地：京都市下京区梅小路通猪熊東入南夷町 180　TEL 075-365-0140
http://shop.takii.co.jp

タキイネット通販の「バラのひろば」はバラ専用のページ。人気の品種や最新品種のバラ苗、バラ用資材を取り扱う。

相原バラ園
インターネット

所在地：愛媛県松山市竹原 2-11-13　TEL 070-5512-2639
http://www.i-rose.net/

自社生産の芽つぎ苗を中心に販売。バラ園は4月下旬～6月上旬のみ開園。通常の販売はインターネットがメイン。

インターネット　インターネット通販で購入できる　　店頭　お店で購入できる

※情報は2015年4月3日現在のものです。

覚えておきたい 用語解説

一季咲き《いっきざき》
春に1回だけ咲く開花性質。野生種やオールド・ローズに多い。

返り咲き《かえりざき》
春に一番花が咲いたあと、不定期に開花をくり返す開花性質。

四季咲き《しきざき》
1年を通して開花をくり返す開花性質。一般には5月～11月ごろまでくり返して咲く。

大苗《おおなえ》
芽つぎや切りつぎしたものを畑などで1年間育てた苗。9月下旬～3月に流通する。

新苗《しんなえ》
8月～10月に芽つぎしたもの、または1月～2月に切りつぎしたものを、春に鉢上げした苗。3月下旬～7月ごろまで流通する。

シュート
芽から伸び出した枝のこと。バラでは、新しく伸びた勢いのよい枝をいう。新梢。

サイドシュート
枝の途中で、比較的上部から発生する力強い枝。

ベーサルシュート
株もとから発生する力強く勢いのある枝。将来、株の主幹となる枝。

剪定《せんてい》
庭木や果樹で、枝やつるを切ること。バラの剪定は、良花を得るためと樹形を整えるため、冬期に行う。切ることによって花数を制限し、花茎を長くし、花を大きく咲かせる。四季咲きバラの場合は、花がら切りやベーサルシュートのピンチも剪定の一部となる。

誘引《ゆういん》
つるバラに対して行う剪定・整枝のことで、枝を横に倒したり、フエンスや壁面、支柱などに巻きつけたり結びつけたりする作業。一般に冬期（12月下旬～1月中旬ごろ）に行う。

ピンチ
シュート（新梢）の先を摘み取ること、あるいはつぼみを摘み取ること。摘芯（てきしん）・摘蕾（てきらい）ともいう。

開花調整《かいかちょうせい》
ピンチや加温・低温処理、成長調節物質などさまざまな手段を用いて、自然開花とは異なる時期に花を咲かせること。バラ栽培ではおもにピンチで開花調整を行う。

遮光《しゃこう》
光りをさえぎること。日陰にすること。シェードともいう。

元肥《もとごえ》
バラを植える前に、植え穴に投入したり、土に混ぜ込んだりする堆肥や肥料。

追肥《ついひ》
元肥えのあとに施す肥料で、追い肥えともいう。一般に化成肥料が多い。

寒肥《かんごえ》
追肥のひとつで、冬期に行うので寒肥えという。庭植えのバラの株から少し離れたところに穴を掘り、堆肥や肥料を入れる。

台木《だいぎ》
バラをつぎ木で増殖させる際に、殖やしたいバラの芽を接着させるための土台になる木。

穂木《ほぎ》
つぎ木やさし木で増殖させたいバラの枝。つぎ木の場合は、穂木の芽を切り取り台木に接着させる。さし木の場合は穂木を適切な長さに切って土にさす。

鉢上げ《はちあげ》
つぎ木やさし木で発根した苗を、苗床から鉢に植え替えること。

鉢替え《はちがえ》
鉢植えの苗や株を成長にともない、別の鉢に植え替えたり、同じ鉢でも土を新しく取り替えて改めて植えつけること。

花がら《はながら》
咲き終わった花。

団粒構造《だんりゅうこうぞう》
土の粒子が土壌内の有機物などでつながり、小さな団子状になっている構造。団粒構造の土は、排水性、保水性がよくバラの栽培には最適。

単粒構造《たんりゅうこうぞう》
土の粒子が非常にこまかい粒になっている構造。砂や粘土などの土壌で、バラの栽培には不向き。

EC《いーしー》
(electorical conductivity：電気伝導度) 土壌中の水溶性塩類の総合的な濃度を示すのに使われる。数値が高い土壌では塩類が多い。一般に化成肥料過多になると塩類の濃度が高くなり、ECも高くなる。

忌地《いやち》
ある作物のあとに同じ種類の作物をつくると、生育不良や収穫減になることがあり、こうした現象を連作障害という。連作障害が起こることを忌地現象、あるいは忌地という。

栄養生長《えいようせいちょう》
植物の栄養器官である葉や茎、枝が分化、形成されること。

枝変わり《えだがわり》
芽の部分に突然変異が発生して、一部の枝にもとの木とは違う性質が現れることを芽条変異といい、それによって生じた枝を枝変わりという。この変異が安定していて、つぎ木やさし木で増やせる場合、ここから新しい品種ができる。

休眠《きゅうみん》
植物の種子や芽などが生長しないこと。一般に寒さや乾燥など生長に適さない環境のもとで、一時的に生長を止めている状態にある。

形成層《けいせいそう》
樹皮と木質部の間にある組織で、つぎ木のときは台木の形成層と穂木の形成層を合わせ、融合させる。

蒸散《じょうさん》
葉や茎から、植物体内の水が水蒸気として失われること。

先祖返り《せんぞがえり》
枝変わりにより現れた形質が、元の親と同じ形質に戻ること。

ブラインド枝
花芽がその形成段階で発達を停止してしまった枝のこと。日当たりや気温の影響で起こる。

ね

熱情……72・154

の

ノイバラ……44・114
ノヴァーリス……21・60・116
ノック アウト……59

は

ハイディ クルム ローズ……68
バイランド……66
パット オースチン……72・163
ハニー ブーケ……25・70
パパ メイヤン……84
春風……185
バロン ジロー ドゥ ラン……19

ひ

ピース……20
ピエール ドゥ ロンサール……63・172
ヒストリー……69
ビバリー……58
ビブ ラ マリエ!……25・59
ピンク サマー スノー……63・185
ピンク ダブル ノック アウト……102
ピンク ドリフト……70
ピンク フレンチ レース……25
ピンク マザーズ デイ……74

ふ

ファースト インプレッション……21・75
ファースト ブラッシュ……144・150
ファイヤーグロー……21
ファビュラス!……20
プチ トリアノン……69・147・153
ブライダル ティアラ……68
ブラック バッカラ……32
ブラッシング ノック アウト……102・153
ブラン ピエール ドゥ ロンサール……47・62
フランシス……177
プリンセス アレキサンドラ オブ ケント……21・32
プリンセス シャルレーヌ ドゥ モナコ……61
プリンセス ドゥ モナコ……68
ブルー バユー……69
フレグラント アプリコット……65
フレンチ レース……20
フロレンティーナ……30・59

へ

ベビー ロマンティカ……25・71
ベル ロマンティカ……23・66・177
ベルサイユのばら……67
ヘルツ アス……69
ヘルムット コール ローズ……73
ペレニアル ブルー……63・82
ヘンリー フォンダ……65

ほ

ホープス アンド ドリームズ……71
ホーム&ガーデン……64・99
ボニカ' 82……186
ボレロ……24・59・83・102
ホワイト メイディランド……24・61
ポンポネッラ……60
ポンポン ドゥ パリ……19

ま

マイ ガーデン……24・62・83
マイナーフェアー……60
マダム アルフレッド キャリエール……19
マダム ゾットマン……18
マチルダ……63
マンダリン……25・75

み

ミセスカズコ……74
ミラマーレ……24・72

め

メアリー ローズ……66

も

モッコウバラ……185
モナリザ……22
桃香……27・73

ゆ

ユリイカ……65・161

よ

ヨハネ パウロ2世……20・70

ら

ラ フランス……19
ラ フランス '89……19
ラズベリー ロイヤル……20
ラバグルート……70

り

リージャン ロード クライマー……49
リオ サンバ……22
リモンチェッロ……58
緑光……73

る

ルイーズ オディエ……19
ルージュ ピエール ドゥ ロンサール……63

れ

レオナルド ダ ビンチ……73
レディ オブ シャーロット……23・62
レネ ダンジュー……164

ろ

ローズ デュ ロワ フルール プルプレ……18
ローズマリー……186
ローゼンドルフ シュパリースホップ……176
ロートケプヘン……67
ローブリッター……48・69・102・176
ロサ アルバ セミプレナ……18
ロサ カニーナ……167
ロサ キネンシス オールド ブラッシュ……166
ロザリー ラ モリエール……61
ロブスタ……48
ロマンティック アンティーク……24・65

バラの索引

あ

アイスバーグ……30・69
アクロポリス ロマンティカ……64
アブラハム ダービー……21・25
アプリコット キャンディ……62
アプリコット ドリフト……90
アルテミス……67
アルブレヒト デューラー ローズ……22
アンティーク レース……67
アンドレ グランディエ……60

い

イエロー ボタン……155
伊豆の踊子……64・160
いろは……46

う

ウーメロ……60
ウェディング ベルズ……25・60・146・149
うらら……71

え

エクスプルワ……21
笑み……64
エリナ……159
エルベショーン……70
エレガント レディ……20
エンチャンテッド イブニング……152

お

オドラータ……186
オリンピック ファイヤー……68
オレンジ メイアンディナ……21

か

ガーデン オブ ローゼス……59
カール プロベルガー……73
快挙……84
カインダ ブルー……61
薫乃……27
かがやき……71
カクテル……23・25
カリエンテ……75
カルディナル ドゥ リシュリュー……18・40
かれん……25

き

キャメロット……66

く

クイーン エリザベス……20
クイーン オブ スウェーデン……23・145・162
グラハム トーマス……163
グランデ アモーレ……177
クリスチャン ディオール……72
グリバルド ニコラ……19
クレメンティナ カーボネリ……19
黒蝶……20・24・65

け

ケアフリー ワンダー……64

こ

コーヒー オベーション……74・75
コスモス……61・156

さ

サニー アンティーク……22・31
サニー ノック アウト……67
サハラ '98……32・41・176
サマー メモリーズ……63
サマーモルゲン……20・59
ザンガー ハウザー ユピレウムス ローゼ……158
サンライト ロマンティカ……68

し

ジークフリート……61
シークレット パフューム……65
シエスタ……20
ジャルダン ドゥ フランス……70
シャルル ドゥ ゴール……71
ジュビレ デュ プリンス ドゥ モナコ……73
シンプリー ヘブン……24・66

す

スイート ダイアナ……75
スヴニール ドゥ ラ マルメゾン……23・67・165
スーリール ドゥ モナリザ……62
スノー シャワー……41

そ

ソフィーズ ローズ……21・24

た

ダブル ノック アウト……100

ち

チャイコフスキー……72
チョコフィオーレ……21

つ

ツベルゲンフェー' 09……75
つるアイスバーグ……177
つるゴールド バニー……23
つる桜霞……174
つるサマースノー……31
つるサラバンド……49
つるパパ メイアン……23

て

ディズニーランド ローズ……71
テディ ベア……75
デンティベス……25

と

トランク ウィリティー……157

な

ナエマ……27

に

ニュー ドーン……170

● 監修者紹介

鈴木満男

（すずき　みつお）

バラ栽培に40年以上携わり、現場で培ったバラの生産、育成、庭園管理の経験と知識、またバラの魅力を最大限に引き出す栽培テクニックは業界内でも高い信頼を得ている。長年ヘッドガーデナーを務めた京成バラ園芸退職後は、フリーのバラ育職人として活躍。各地のバラ園でのスタッフに向けた技術指導のほか、人気のある一般向け講習会では固定ファンも数多い。著書に『バラを美しく咲かせるとっておきの栽培テクニック』（NHK出版）、『いちばんわかりやすい よく咲く鉢バラの育て方』（主婦の友社）などがある。

● 取材協力 ―――― 京成バラ園芸株式会社

● 写真協力 ―――― OATアグリオ …… http://www.oat-agrio.co.jp/
ガーデナーズジャパン …… https://gardeners-japan-net.jp
京成バラ園ガーデンセンター …… http://www.keiseirose.co.jp
シンジェンタジャパン …… http://www.syngenta.co.jp/
住友化学 …… http://www.i-nouryoku.com
住友化学園芸 …… http://www.sc-engei.co.jp/
日本曹達 …… http://www.nippon-soda.co.jp/
バイエル　クロップサイエンス …… https://www.bayercropscience.co.jp/
ハイポネックスジャパン …… http://www.hyponex.co.jp
微生物農法研究所 …… http://www.binouken.com/store/
藤原産業 …… http://www.fujiwarasangyo.co.jp/
三井化学アグロ …… http://www.mitsui-agro.com/
ライフタイム …… http://lifetime-g.com/

● デザイン ―――― 佐々木容子（カラノキデザイン制作室）
● 撮　　影 ―――― 石崎義成　戸井田秀美　中居惠子　倉本由美
● イラスト ―――― 今井未知　小春あや
● 執筆協力 ―――― 中居惠子　小野寺ふく実
● 編集協力 ―――― 倉本由美（ブライズヘッド）

決定版《けっていばん》　美《うつく》しく咲《さ》かせる　バラ栽培《さいばい》の教科書《きょうかしょ》

2015年7月10日発行　第1版
2019年7月20日発行　第2版　第4刷
● 監修者 ―――― 鈴木 満男 ［すずき みつお］
● 発行者 ―――― 若松 和紀
● 発行所 ―――― 株式会社西東社《せいとうしゃ》
〒113-0034 東京都文京区湯島2-3-13
営業部：TEL（03）5800-3120　FAX（03）5800-3128
編集部：TEL（03）5800-3121　FAX（03）5800-3125
URL：http://www.seitosha.co.jp/

ISBN978-4-7916-1913-9